中公新書 2097

田尻祐一郎著

江戸の思想史

人物・方法・連環

中央公論新社刊

はじめに

現代の日本人にとって江戸という時空は、ほどほどに親しく、それでいて基本的には異質な世界、いわば近さと遠さとが重なった世界なのかもしれない。テレビや映画の時代劇や多くの時代小説は好んで江戸を取り上げるし、私たちは、士農工商それぞれの暮らしぶりや風《ふう》貌《ぼう》のようなものまで、何となく思い浮かべることができる。そこで描かれるイメージがどこまで正確なものかは、当然に疑うべきであろう。しかしそういうイメージが描かれ、それに私たちが浸れるのも、やはりそこに、何らかの根拠や意味があってのこととすべきではないだろうか。確かに江戸は封建的な身分社会であって、むき出しの暴力や抑圧が支配した社会かもしれない。にもかかわらず多くの日本人は、おのおのの思い懐《いだ》く江戸に、何かを託しているように私には思われる。それを簡単に幻想だと言うことはできないだろう。

明治・大正・昭和と続く近代日本は、欧米の先進国を目標として、「文明開化」「脱亜入欧」「富国強兵」、そして「経済成長」と突き進んだ。国家や社会の仕組みから人々の衣食住までが、そのために作り変えられた。個人としては、競争に勝ち抜いて出世することが価値であり、そのエネルギーは、ひいては国家や社会の活力に繋《つな》がると信じられた。そういう近代日本の気ぜわしさ、荒々しさに比べれば、江戸はなんと穏やかで、安らぎと、ある種の品位に満ちている（ように見える）ことだろうか。

それならそこは停滞の園かといえば、決してそうではないこと、それどころかむしろそこで培《つちか》われた知的・文化的な地力《じりき》が、近代日本の発展の基盤をなしたことも、現代の私たちはよく了解している。その上で私たちは、歌舞伎や浮世絵、俳句などを、江戸の庶民が楽しんだように楽しむ。江戸も中期以降の庶民社会、あるいは民間社会の知的・文化的な厚みこそは、美術や工芸、文学、演劇や芸能、どの分野を見ても、まさしく江戸の文化的な豊饒《ほうじょう》と洗練を生み育てる根底の力だった。私たちは、その豊かさと細やかさに驚き、その小宇宙に遊びたいと願う。

では、江戸の思想についてはどうだろうか。するとここで、江戸に対する親近感も急に冷めてしまうのが普通である。何か難しいことを一所懸命に考えた儒学者《じゅがくしゃ》や国学者《こくがくしゃ》が一方にいて、他方、長崎という小さな窓を通じて精一杯に西洋の学術を吸収しようとした蘭学者《らんがくしゃ》やユニークな先駆者がいたかもしれないが、それは教科書に載っている歴史上の出来事で、私たちには関係のない別世界のこと、多くの人々はそう感じてしまう。

しかし、それは考えてみれば淋《さび》しい話、あるいは勿体《もったい》ない話ではないだろうか。確かに、そこで前提とされる知識や概念の体系は、今日では遠く隔てられてしまったものだから、江戸の思想に入り込むことは最初は簡単ではないかもしれない。しかし、少しの工夫でその壁を越えてみれば、そこには刺激的で、躍動感の溢《あふ》れる世界が広がっている。

私はこの書で、江戸の思想史の活気と面白さを、少なくともその一端を伝えてみたい。そしてできれば、あれもあった、これもあったという羅列ではなく、現代の私たちに響き合う問題の脈絡を描き出してみたい。先人が自分たちの日本語でもってギリギリまで問い詰め考え抜いた問題を、私たちがもう一度味わい、自分たちの思索の栄養にする――これは、楽しいことではないだろうか。

引用文中の括弧《かっこ》内の文言は、引用者が補ったものである。引用にあたっては、現代かな遣いを原則とし、漢字を今日通行の字体に改め、漢文史料は引用者の責任で書き下し文とした。読みやすいように、句読点を補い、かな（カナ）と漢字の表記を適宜改め、当て字を正すなどの加工を施し、合字・略字なども今日の表記法によって改めた。明らかな誤記と思われるものについては、訂正した上で引用した。闕字《けつじ》（尊敬を表すための空き字）については、詰めた。また、図版のうちとくに出典を明記していないものは中公バックス『日本の名著』からの引用である。

目次

江戸の思想史

人物・方法・連環

序章　江戸思想の底流

内藤湖南と網野善彦

江戸の思想史を辿《たど》るにあたり、まず中世から近世への社会の変容という問題をめぐって、私なりのスケッチをしておきたい。この点で参考になるのは、独創的な東洋史学の樹立者として知られる内藤湖南《ないとうこなん》（一八六六〔慶応《けいおう》二〕年～一九三四〔昭和九〕年。本名は虎次郎《とらじろう》。秋田師範学校卒業。『大阪朝日新聞』『万朝報《よろずちょうほう》』の記者をへて、京都帝国大学に招かれた。「京都シナ学」と呼ばれる中国学の開拓者の一人）の有名な発言である。湖南は、講演「応仁《おうにん》の乱に就《つい》て」（一九二一〔大正十〕年）の中で、次のように述べている。

大体今日の日本を知る為に日本の歴史を研究するには、古代の歴史を研究する必要は殆《ほとん》どありませぬ、応仁の乱以後の歴史を知って居《お》ったらそれで沢山です。それ以前の事は外国の歴史と同じ位にしか感ぜられませぬが、応仁の乱以後は我々の真の身体骨肉に直接触れた歴史であって、これを本当に知っておれば、それで日本歴史は十分だと言っていいのであります。

応仁の乱（一四六七〜一四七七年）は、京都の大半を焼失させたほどの大きな被害をもたらし、将軍や幕府の権威は地に落ち、その後に続く戦国内乱の時代の幕開きとなった。湖南は大胆にも、応仁の乱の前後で日本史を大きく二分して、応仁の乱以前は自分たちにとって「外国の歴史」にも等しいという。

九〇年ほど前に湖南の言ったところの「今日の日本」が、二十一世紀に生きる私たちにとっての「今日の日本」でありうるのかという議論はあるだろう。湖南の言う「今日の日本」から、私たちにとっての「今日の日本」までの間に、政治的には全体主義の台頭による第二次世界大戦があり、とりわけ日本にとっては侵略戦争の敗北、大日本帝国の崩壊、そして戦後民主主義による再出発という大きな断絶があった。また日本人の社会生活にとって、一九六〇年代に絶頂を迎えた高度経済成長、一九八〇年代からの情報通信革命とそれに続く（今日に至る）グローバリゼーションなどはいずれも巨大な社会変革であったと思われ、それらによって社会のありようは一変してしまったのだという理解もありうるだろう。

それはさておき湖南は、応仁の乱を契機として、日本社会の質はかつてない大きな転換を遂げたと言うのである。湖南の講演は、それがどういう転換であり、転換によってもたらされたものが何であったのかという点には残念なことに立ち入らない。しかし「我々の真の身体骨肉に直接触れた」という表現から推察すれば、湖南が、人々の身体的な感覚や心性の次元にまで降り立って、その転換を見据えていたことは間違いないと思われる。

湖南のこの講演にも肯定的に触れながら、網野善彦《あみのよしひこ》（一九二八〔昭和三〕年～二〇〇四〔平成十六〕年。今日の歴史学に深い問題提起をなした創造的なマルクス主義の日本中世史家）は、「南北朝動乱期を境にして、社会が大きく転換する」ことを強調し、それを、「社会構成史的次元の時代区分と異なる次元――民族史的次元に関わる転換」として捉《とら》えようとした（『日本中世の非農業民と天皇』岩波書店、一九八四年）。「社会構成史的」とは、奴隷制・封建制・資本制という社会の継起《けいき》的な発展段階を指すのであろう。こういう発展段階論を基本に据えながらも、それとは異なる次元での社会の質の転換を網野は見ている。

網野は、近世の始まりによって「一四世紀に始まった『民族史的な転換』はここに一つの決着を得た」とも述べている（『アジアのなかの日本史』4、東京大学出版会、一九九二年）。ここでの「民族史的な転換」とは、太古の自然に淵源《えんげん》する列島上の〈多元的・複数的なもの〉が決定的に後退して、稲作農耕を基盤とする〈均質な日本〉、少なくも人々がそういう自画像を受け入れやすい社会になったことをいう。

南北朝の動乱は、一三九二（明徳《めいとく》三・元中《げんちゅう》九）年、南朝側の後亀山《ごかめやま》天皇が「神器《じんぎ》」を北朝側の後小松《ごこまつ》天皇に授けたことで収束したとすれば、湖南の指摘する応仁の乱に半世紀以上は先行しているわけで、両者の歴史像は細部にわたって完全に一致しているわけではない。しかし、問題を巨視的に捉えることのできたこの二人の歴史家の着眼は、大きく言えば見事なまでに共通しているとしてよい。

南北朝から応仁の乱にかけて、日本社会はかつて経験したことのない質的な転換を遂げたのであろう。そして私の考えるところ、応仁の乱から引き続いた戦国内乱の時代は、この巨大な転換を完結させるための、日本史上かつてない甚大《じんだい》な犠牲をともなった長い過渡期であった。近世の起点をどこに置くのか、いわゆる織豊《しょくほう》政権からか、秀吉の時代か、それとも江戸幕府が開かれてからなのかという議論はさておき、近世という時代の幕開きは、この転換が最終的に完了したことを意味している。江戸の思想史を考えるということは、この転換の意味を、転換の〈こちら側〉から考えることでもある。

恐怖の闇から世俗生活へ

人々の身体的な感覚や心性の次元にまで降り立って歴史を研究するということは、容易なことではない。これから私は本書を通じて、江戸の思想史の大筋・勘所《かんどころ》と思えるものを述べていこうと思うが、江戸の社会を、私なりにどのようなものとして理解しているのか、まずそれを提示しておきたい。それは、内藤湖南や網野善彦が着目した一大転換によってもたらされた新しい社会の本質を、思想史研究の立場から、どのようなものと捉えるのかということでもある。

中世までの人々は、恐ろしい「物《もの》の怪《け》」やおどろおどろしい霊力《れいりょく》、人知を圧倒する怪異・霊威に包まれて生きていた。名付けようのない不可思議な力への恐怖と畏怖《いふ》の念は、人々の暮らしの隅々にまで浸透し、猛々《たけだけ》しくも霊妙で抗《あらが》いようのない力の前に人々は不断に立たされていた。それは、恐怖の闇《やみ》に囲まれた苛酷《かこく》な暮らしでもある。中世の文学や美術の描く世界は、怪異・霊威、ありとあらゆる神仏たちの満ち充ちた世界そのものであって、文学や美術の〈作品〉として私たちに残されているものは、何よりもまず、人々の生活を包み込んだ怪異・霊威、そして神仏に対する畏怖・鎮撫《ちんぶ》・祈願の思いの結晶としてあったはずである。「死」もまた、私たちが想像もできないほどに、近しい（親しい）ものだったろう。

長い内乱の時代をくぐって近世に入れば、そういう中世までの精神的な景観が確かに一変してしまう。屋根の下で、家族に看取《みと》られて「死」を迎えることが普通になった。餓死はあってはならない異常なことだと意識されるから、飢饉《ききん》の時に、年貢の軽減を求めて農民が立ち上がる。家族生活を安定的に営むことが、人としての当然（自然）の生き方として、人々の常識になっていく。職業も、親から子へと引き継がれることが多くなる。すべての子が親の職業を継ぐのではないが、そこに連続性が強まっていくことは確かである。どういう家族生活を送るのか、どういう職業で身を立てるのか、こういう問題が人々の暮らしにとって重要になってくる。

人々は、ある持続的な職業をもって家族の中で日々を暮らし、そこで喜怒哀楽の感情生活を送り、近親の者の死を看取り、余裕があれば旅や芝居、地域の民俗的な行事、趣味その他の身近な楽しみを味わうようになる。長い歴史を通じての人々の営々とした生活と労働の蓄積が、こういう社会を実現させたのである。これは――湖南の言うように――まさに「我々の真の身体骨肉に直接触れた」世界そのものであって、私たちはそこに、今日と連続する確かなリアリティーを感じることができる。こうして世俗生活の意義が、それまでの時代に比べて飛躍的に高まった。まずここに、近世社会の特質を見ることができるだろう。

しかしそれは、世俗生活の原則によって社会全体が規律づけられる(規律化)ということでもあって、そこに近世社会のもう一つの特質がある。それも、外から強圧的に規律が押し付けられるというだけではなく、集団や個人が自らを進んで規律化しようとする面をともなっている。日々の暮らしは、単調で煩《わずら》わしい労働や雑事の繰り返しでもあって、世俗生活とは、それを黙ってこなしていくことでもある。そこには、どれほどの自己抑制、禁欲が求められることだろうか。自らを律すること、また勤勉の精神を身体化させることなしには、世俗生活を人並みに送ることはできない。

こうして、世俗的な枠組みに縛られない荒々しく野太い（時に暴力的な）精神の奔放さは、近世社会において、なかなか居場所を見つけられなくなる。霊威・物の怪への心底からの畏怖も、いつからか、それを見てみよう、記述してやろうという精神によって取って代わられていく。「ばさら」「かぶき者」「旗本奴《はたもとやっこ》」などの異形《いぎょう》の力、見る者を圧倒する桃山芸術の驚くべきエネルギーは、より洗練された何ものかに席を譲っていくように思われる。神仏も、より穏やかになってしまうのではないだろうか。

見方を変えれば、家族・地域・職域から国家まで、いろいろな組織が秩序だって作られ、安定的に経営されていくとともに、それを可能にする社会の規律化が深く進行する。それはまた、物事を隅々まで管理し監督せずには済まさないような視線、何かにつけて規範的なものに（過度に）同調・同化を強いる有形無形の力が、人々相互の間で厳しくなったのだとも言えるだろう。

世俗的な秩序化

近世社会は、生産力の飛躍的な高揚によって、人々が安定した世俗生活（家族生活・職業生活・地域生活）を送り、そこに生きがいを見出していく社会であるとともに、そこでなされる社会生活と自己自身（身心）の規律化が深く進行する社会であった。その大きな趨勢《すうせい》は、まさに近世に始まって確実に近代・現代にまで、より強固に及んでいて、その出発をなすのが近世の社会なのである。では、それはどういうものだったのだろうか。その中心となる諸相を見てみよう。まず、家族生活を支える「イエ」の問題からである。

イエ

「イエ」と表記して「家」としないのは、近世日本で広く確立した「イエ」が、東アジアの漢字文化圏で一般的に言われる「家」とは異なった独特な構造をもっているからである。それを端的に表すのは、養子と隠居をめぐる、日本の「イエ」を知る者には馴染《なじ》み深い制度と慣行である。

養子とは、血縁的な連続にない者を、「イエ」の保持のために後継者に選ぶことである。例えば大きな商家においては、何人もの使用人の中から、商才があって人格的にも信頼できる若者を選んで、主人が自分の娘と結婚させて新たな主人に立て、「イエ」の世代交代を果たすことが普通になされる。長い歴史を誇る老舗《しにせ》には、こうして「暖簾《のれん》」を守ってきたところが多いし、また武家に生まれた次男・三男たちにとっては、条件の良い養子縁組みの話を見つけることが主要な関心とならざるをえなかった。

生業や居所とは関わりなく、まさに父祖から子孫への「気」を連続させる男系のタテの繫がりが「家」であると考える中国や朝鮮の観念からは、このような養子慣行は説明できない。日本の「イエ」は、その家産・家名・家業と一体のもの、つまり本質的には一つの経営体であって、経営体としてのイエの維持と発展とが自己目的となっている。均分相続の中国・朝鮮には見られない、跡取りとそれ以外の庶子の間の格差の大きさもこれに由来する。

隠居もまた、このような「イエ」ならではのものである。経営体としての「イエ」の維持・発展が優先されるから、活力や判断力の衰えた主人は、次の若い主人にその権能を譲ることになる。隠居した者は、「イエ」の経営に口出しをしない。年長者は、年長であるからこそ「家」を支配し、それに見合う威厳をもって尊敬を受けるという中国や朝鮮のあり方とは、ここでもまた異質な面が見える。

ところで、そうした「イエ」が庶民のレベルで確立されたのは、いつ頃なのであろうか。あくまで一つの目安であるが、日本史の教えるところでは、寛文《かんぶん》年間（一六六一～一六七三年）に「イエ」を単位とした寺檀《じだん》（寺請《てらうけ》・檀家）制が全国的に確立されたという。ここから想像すれば、畿内の先進地帯では中世の後半に成立してきた庶民の「イエ」が、この頃、東北地方なども含めて全国に及んだと考えてよさそうである。今日、民俗行事として残されている習慣や風習も、このようにして形成された「イエ」との関わりの中から生まれ、生活の中に浸透していったものが多いに相違ない。

これは人々の心のあり方として、計り知れない大きな意義をもっている。「イエ」を単位として自らの祖先や亡親の霊魂を祀《まつ》るということは、自分の位置を、祖先から父母、子から孫へという安定的な時間の流れの中に据《す》えて、その時間軸において日々の生活、自分の生そのものを意義付けていくということである。親鸞《しんらん》や日蓮《にちれん》の時代、あるいは蓮如《れんにょ》の時代においても、人々の生活の場には「イエ」単位の仏壇も位牌《いはい》も、「イエ」単位の墓もなかったとすれば、私たちは、同じ仏教の言葉で語られたものであっても、そこに込められた「イエ」という場で生きることのできた近世の人々の心性に思いを馳《は》せなければならない。

出版

十六世紀の末、カソリックの宣教師によって活字印刷の技術がもたらされ、秀吉の朝鮮出兵によって朝鮮の銅活字がもたらされたが、江戸の出版文化を支えたのは高度な木版印刷の技術だった。それまでも寺院などで木版印刷が試みられたが、基本的に書物は写本によって伝わるもので、知識の伝播《でんぱ》は限られたものだった。奥義《おうぎ》は秘伝として伝授され、知識は限られた者が所有することで、秘儀的・特権的な性格を帯びていた。江戸時代には、多くの写本も作られたが、何よりも木版によって大量印刷が可能となり、貸し本も含めて硬軟さまざまな書物が商品として市場に出された。こうして、知識は秘匿されることで特権化されるのではなく、公開され共有されるようになる。

江戸は、同時代の世界を見渡しても例のないほどの、まさに〈書物の時代〉である。絵入り・ルビ付きの通俗的な書物は、都市の庶民にとって身近なものだったし、江戸中期以降、豪農や豪商をはじめとする在地の名望家や医師などの蔵書はといえば、儒仏の古典から日本の文芸書、実用的な技術書・解説書から趣味の書物、旅の案内書まで、質量ともに驚くべきものがある。こうして書物を通して人々の間に常識が形成され、書物によって常識に言葉が与えられる。そして常識は、政治的支配の道具でもあり、抵抗の根拠にもなっていく。

これほど書物が流通した背景には、高度な木版印刷の技術的発展は言うまでもないこととして、まず人々の識字率の高まり、とくに江戸中期以降の身分を超えた教育の普及（「教育の爆発」などとも言われる）が挙げられる。そしてそこには、中国や朝鮮のような科挙《かきょ》社会と比較した時に一目瞭然《いちもくりょうぜん》となる、知識の社会的なあり方という問題がある。

中国では、基本的にはすべての男子に（犯罪人や芸能民は例外）科挙の受験は認められ、古典的・人文的な知識の修得、美しい定型でもって詩文を著す能力が試験され、その成績によっては官僚としての身分的な上昇の道が（可能性としては）無限に開かれる。朝鮮では事情が異なり、科挙の受検資格は両班《ヤンバン》の男子に限られたが、両班の定義には流動性があったという。中国や朝鮮で各地に作られた書院や郷校《きょうこう》も、科挙に合格すべき人材を育てるという目的から離れることはなかった。

しかし江戸は身分制の社会であって、知識の修得も、一般的には身分の上昇をもたらすものではない。では、そこで人々は知識や情報の修得に興味を示さないのかといえば逆であって、「イエ」を繁栄させるために、商人なら商人としてより賢く生きるため、あるいは隠居後の楽しみのため、人々は知識を貪欲《どんよく》に求めるようになった。名主《なぬし》や庄屋《しょうや》と呼ばれる地域社会の指導者は、城下町集住で武士のいなくなった農村を、自分の力量（人徳・才覚）でまとめていかなければならない。そのためには、どれほどの実学的また文化的な知識・教養・情報が必要だったただろうか。多かれ少なかれ、こういう必要は江戸の社会にあまねく生まれていた。こうして、世俗生活の充実のために求められる知識の総量は飛躍的に膨らみ、それらが整理され、書物という形をとって流通していった。

商品・市場

書物がそうであったように、この時代は、あらゆるものが商品とされ市場において流通した。全国の蔵米《くらまい》は大坂の堂島《どうじま》に集められ、京坂《けいはん》を中心に江戸も加わって、列島を一つにした商品市場が確立したのである。大名たちの江戸への参勤交代も、日本という単一市場が成立していてこそ可能であり、その参勤交代がまた市場をより強固なものにさせて、人・物・情報のネットワークを編成させた。旅は、かつてのような生命の危険を冒してのものではなく、なかには物見遊山《ゆさん》の旅も現れる。公用の旅、商売の旅、神仏への祈願の旅、学問や武芸の修行の旅、娯楽の旅、見聞を広めるための旅、これらによって人々の間に新しい繋がりができていく。商品と市場の力が、狭いしがらみを超えた人々の結びつきの可能性を開いていく。

商品と市場の力は、思想の内容やその展開の形にも大きな影響を与えた。書物の流通については先にも述べたが、それだけではない。商品経済の繁栄と一体となった都市の発展を、思想史の問題として考えることも重要である。都市は、人と人との繋がりを自由なものにさせる。そこでは、異質なものが接触・衝突・融合して、常に新しいものが生まれる。思想は、人々に語りかけるべきものとして、互いに競い合うようになる。書物は言うまでもないが、辻講釈《つじこうしゃく》・講義・会読《かいどく》さらには公開の討論、これらは都市によって作り出された人間関係なしにはありえない。都市が生み出す新しい交際は、父子・君臣に始まる人倫の教えとしての儒教を超える不定形のエネルギーを湛《たた》えているから、それだけに社会の統合は、のっぴきならない問題となっていく。

都市的な感情の洗練は、癒《いや》しようのない孤独感を内包させながらも、文化的・審美的な共同性を求める知識人を生み出していく。詩文・和歌・俳諧《はいかい》・狂歌、あるいは絵画・骨董《こっとう》を通じた文人世界の形成、物産・博物というような「物」の世界への耽溺《たんでき》などもその表れであるし、和歌の学問として始まった国学もまた、そういう流れに棹《さお》さしている。都市的な感情の洗練という意味では、江戸の儒学と国学とに通底する「古《いにしえ》」への憧憬《しょうけい》(古代中国の聖人の世であれ、雅《みやび》なる王朝の「古」であれ、または漢心《からごころ》によって汚される以前の神々の時代であれ)もまた、都市の孤独な思索者にして懐くことのできた夢だったのかもしれない。

「日本」意識

列島を一つに包んだ市場の確立は、人々に「日本」という共属の母体を意識させていく。それは「神国」「皇国」などと呼ばれながら、共通の民族的な始祖(イザナギ・イザナミであったり、アマテラスであったりする)を戴《いただ》く「日本人」という歴史的な自己確認(アイデンティティー)が共有されだしたということである。天皇を頂点とする近代国民国家の枠組みが、列強をモデルとしながら、明治に入って急ごしらえで構築されたのは事実であるが、その精神的な前提は江戸の中で着実に作られていた。それは、「国体」という魔術的な用語が、幕末の水戸学《みとがく》によって創唱されたというような狭い意味だけで言うのではない。最初は知識人によって、それが次第に書物の流布や人々の交流、物や情報の流通によって都市の住民へ、さらに在地の人々へと拡大しながら、〈自分たちは日本人だ〉という自己確認が、たとえ漠然としたものではあっても人々に共有され始めていた。

これは、中国文明に対する劣等感が薄らいで、あるいは逆転して、日本を中心とした東アジア世界秩序のイメージが知識人の間に作られていったこととも連続していた。そのようなイメージの形成と共有にあたって、『古事記』や『日本書紀』の伝える神々の物語や、日本の古代国家による朝鮮支配（神功《じんぐう》皇后の「三韓《さんかん》征伐」）という遠い記憶が積極的な役割を果たした。《神々の時代からの一体性を保つ日本に対して、王朝交替を繰り返して社会のまとまりがなく、たえず異民族の侵攻・支配に悩む文弱の中国、歴史的に日本に服属していた朝鮮、文化的に下位にあって日本に帰順している琉球《りゅうきゅう》、さらに野蛮で社会形成以前のアイヌ》、日本を頂点としたこういうイメージが浸透して、それら諸民族を周囲に従えながら、歴史を通じてアマテラス以来の血統の絶えることのない「神国」「皇国」のわが「日本」があるという東アジア秩序意識である。それはまた、「穢多《えた》」や「非人《ひにん》」と呼ばれた賤民《せんみん》（被差別民）を「神国」「皇国」の民から外して、先住民や渡来民の子孫とするような見方と結びつくこともあった。

同時にこうした「日本」意識には、人々の社会的な願望が投影されているという一面もあるだろう。現実の厳しい身分秩序の中で、同じアマテラスの子孫ではないか、同じ「神国」

の民ではないかと主張することは、身分を超える社会的連帯の根拠を求めることでもある。男尊女卑の儒教に対して、アマテラスは女神であり、イザナギ・イザナミ以来の男女の和合を日本の国ぶりとして説くことには、夫婦が汗や泥にまみれて一緒に働いて「イエ」を支えている庶民の生活実感が何らかの形で反映されていると見るべきであろう。そして、民族的な独立を侵されまいという危機感が、満州族の支配に甘んじる中国（漢民族）への蔑視《べっし》を生み、列強の軍事力の脅威が身に迫るようになって、「日本」意識は沸騰することになる。

性・差別

性が本源的にもっているエネルギーや猥雑《わいざつ》さもまた、世俗的に整序される。江戸の吉原《よしわら》や京都の島原などの「悪所《あくしょ》」（遊郭）は、幕府によって公認された性的空間であって、かつてあったような異形の世界、世俗の秩序から切れた「無縁」の場ではない。庶民のイエにおいては（離婚・再婚は一般に予想されるより多く、それらにともなう偏見も少なかったとはいえ）、一人の男と一人の女の性的な結びつきによって家族を営むことが普通とされた。戦国期の武士社会では日常的であった男色も、少なくとも人々の規範意識としては、表面から斥《しりぞ》けられるようになる。この点で、陰（女）と陽（男）が互いに求め合うことを自然として、男女のあるべき結合としての性道徳を説く儒教の議論は、ある有効性を発揮しえたであろう。

いずれにせよ、性もまた世俗的な力学のもとに秩序化された。「遊びをせんとや生まれけん、戯れせんとや生まれけん」（『梁塵秘抄《りょうじんひしょう》』）と歌う後白河院《ごしらかわいん》の周囲には白拍子《しらびょうし》が遊芸を競い、徳川将軍の大奥にも多くの女性が侍《はべ》ったが、その意味は決定的に違っている。芸能者としての白拍子の担《にな》う性は、太古の巫女《ふじょ》に淵源する聖なるもの、神仏に通じる始源・混沌《こんとん》のエネルギーに満ちたものであるが、大奥の女性たちはそういう聖性を完全に失った、世継ぎを生むべき政治の道具に過ぎない。

差別の諸相においても、世俗的な整序の深まりを窺《うかが》うことができる。江戸の身分差別は、良民の下に、穢多・非人という賤民を配置して、世俗の権力によって彼らの生業と居所を厳しく制限し固定させた。それは、紛れもない最下層の民である。しかし振り返ってみれば、中世において差別され賤視された人々は、ただ社会の底辺に一方的に押しやられていたわけではない。そうした人々は同時に、芸能・異能の民であり、良民の窺えない黒々とした闇から姿を現した、おどろおどろしい霊力を秘める、まさに神仏に連なった畏怖すべき存在であった。畏怖と賤視とは、そこでは混然として表裏一体である。そういうものとしてあった差別は、単線的な身分の上下として固定された。

＊

世俗的な秩序化は、江戸の思想史を土台において支える大きな流れであり、その力動の上に、多様で魅力的な思想史が展開していく。思想は、私たち自身の心や現実の社会がそうであるように、相容《あいい》れない志向、矛盾、混沌とした不定形の何ものかを抱え込んでいるものであって、常にその内部に両義的（多義的）な契機を孕《はら》んでいる。思想史における多様性とは、ある思想に孕まれていた両義性が、いろいろな条件の歴史的な変動の中で、葛藤《かっとう》し対立し分化し転生し、まったく異なった文脈から生まれてきた思想と接合（衝突）することでエネルギーを補充し、思わぬ方向に発展していく多様性であって、思想史の醍醐味《だいごみ》（の一つ）はここにある。科挙社会のような官許のイデオロギーがなく、教育勅語のような公定の枠づけもなかった江戸の思想史は、まさにその宝庫であった。

しかし、それらを背骨のように貫くものは、この世俗的な秩序化の意味を人々がそれぞれの生の根拠において問い返し、よりよい生のありよう、人と人との繋がりの形を模索し希求した歴史であり、そこで問い詰められたものは、まさしく「我々の真の身体骨肉に直接触れた」問題、私たち自身の問題として、二十一世紀の今も生々しく突き刺さってくる。

第1章　宗教と国家

江戸時代は、長い間の泰平（平和）を維持し、全体とすれば生産力を向上させて人々の暮らしを豊かなものとし、それぞれの地域的な個性を育《はぐく》んだ一種の資源循環型の社会としてあった。すぐ前の時代が内乱と殺戮《さつりく》の時代であり、すぐ後の時代が、一世代ごとに対外的な武力侵攻をしかけながら中央集権の帝国日本を築き、七〇年余りで決定的な破局に至ったことに比べるなら、それは目を見張るべき事実である。

一六三七（寛永《かんえい》十四）年、島原《しまばら》・天草《あまくさ》で起きたキリシタン一揆《いっき》では、三万七〇〇〇人が有《あり》馬《ま》氏の旧城（原《はら》城）に籠《こも》って抵抗し、幕府軍は、オランダ人に命じて海上からこれを砲撃させながら、西日本を中心に諸藩の軍勢一二万余を動員して持久戦にもちこみ、最終的には一揆を壊滅させた。そのまさに二〇〇年後の一八三七（天保《てんぽう》八）年、飢饉のもとでの人々の困窮《ま》を目の当たりにして、かつての大坂東町奉行所与力《よりき》で陽明《ようめい》学者として知られた大塩平八郎《おおしおへいはちろう》（中斎《ちゅうさい》）が、役人の不正、役人と結託して暴利をほしいままにする豪商らに怒り、三五〇人ほどの同志とともに大坂市中で蜂起《ほうき》することになる。この蜂起は半日で鎮圧されてしまったが、その二〇〇年間、この列島には銃撃（砲撃）戦というものがなかったのである。この〈徳川の平和〉は、何の上に成り立っていたのだろうか。

宗教一揆への憎悪

徳川の将軍権力は長い泰平を社会に実現させたが、それはこの権力が平和的な性格をもっていたからではない。〈徳川の平和〉は、徹底的に弾圧された宗教一揆の血の上に築かれたものであり、戦時体制が凍結され、凍結された戦時体制がそのまま民政を担ったので、島原・天草の一揆に対応した時がそうだったように、武士階級の全体が、いつでも徳川将軍のもと軍事的に結集できる体制になっていた。

将軍権力は、宗教の自律性に対して深い恐怖心を懐き、それだけにまた心底これを憎悪した。というのも、戦国大名の権力、さらに将軍権力の確立に至る長い過程の中で、これにももっとも強く立ちはだかったのが、多くの宗教一揆だったからである。例えば、浄土真宗本願寺派（俗称は一向宗《いっこうしゅう》）の加賀《かが》国の門徒は、北陸一帯の教勢を背景にして一揆を起こし、守護《しゅご》の富樫《とがし》政親《まさちか》を敗死（一四八八〔長享《ちょうきょう》二〕年）させ、一五八〇（天正《てんしょう》八）年に柴田《しばた》勝家《かついえ》によって鎮圧されるまでの約一世紀、「百姓の持ちたる国」「本願寺の分国」として自律的な宗教王国を築いていた。美濃・尾張・三河にも本願寺の勢力は拡大し、一五七〇（元亀《げんき》元）年、顕《けん》如《にょ》（本願寺一一世）は、織田信長を「仏敵」とする檄文《げきぶん》を諸国の門徒に発して石山《いしやま》合戦に及んでいる。伝えられるところでは、門徒たちは、

> 敵の方へ懸る足は極楽浄土へ参《まいる》と思え。引退く足は無間《むげん》地獄の底に沈《しずむ》と思て、一足も退くべからず。（「朝倉始末記《あさくらしまつき》」）

として互いを鼓舞したという。若い戦国武将としての徳川家康の心胆を寒からしめたのは、これら一向一揆であった。三河の一向一揆を描いた軍記物語は、こう伝えている。

> 岡崎の諸士方と申も、大半は一向宗旨なりしかば〔中略〕一向宗旨の面々の所存は、主人と申は纔《わずかに》現世《げんせ》計《ばかり》の事也。仏祖如来は未来永劫《えいごう》を頼む所の一大事の本尊也と心得て、累代旧恩の主人を打捨てければ、岡崎の諸士も次第次第に落失《おちうせ》つつ〔中略〕公（家康）に敵対す。（「参州一向宗乱記《さんしゅういっこうしゅうらんき》」）

君臣関係も、「未来永劫を頼む所の一大事の本尊」の前では「纔現世計の事」であって、「累代旧恩の主人」でさえも破れた草履《ぞうり》のように捨てて顧みない。家康の膝元《ひざもと》の武士たちが、現にそうして家康に「敵対」したのである。戦国大名の間の戦いは、自分たちと同じことを

考え、同じ利益を追求してそれが互いに衝突するだけのことであるが、この敵は、味方と思っていた部隊の中からいつその姿を現すのか予測できないし、そもそも何を考えているのか分からない。「敵の方へ懸る足は極楽浄土へ参と思え」という内面的な確信をもって進んでくるから、一切の取り引きに応じない。領国を超えて本願寺のもとに結集して、内部に対立や反目もない。これこそ、真に恐るべき敵であった。

本願寺の中興をなしとげた蓮如（一四一五〔応永《おうえい》二十二〕年～一四九九〔明応《めいおう》八〕年。本願寺八世）は、阿弥陀仏《あみだぶつ》の絶対性を掲げて世俗の権力を相対化する思想をもっていたが、門徒の世俗生活においては権力との衝突を避けて秩序に随順することを説いて、一揆についても抑制的な態度をとっていた。しかし一向一揆は、蓮如の抑制をも超えて、世俗の権力との全面的な対決へと進んだ。

権力者の自己神格化

宗教一揆の巨大な、しかも内面化された力（法華宗《ほっけしゅう》の門徒による法華一揆も忘れてはならない）に震撼《しんかん》させられた世俗権力の側は、これらの恐るべき敵に対して、思想的にどう立ち向かったのであろうか。それは、一つには権力者の自己神格化であり、もう一つは「神国」イデオロギーの構築であった。

それまで、政治的に非業《ひごう》の死を強いられた人物の祟《たた》りを恐れて、その人物を神として祭り上げ、その祟りを鎮め、その霊威を借りて災厄を除こうとする御霊《ごりょう》信仰の伝統は強かった。菅原道真《すがわらのみちざね》を祭神とする北野天満宮《きたのてんまんぐう》、平将門《たいらのまさかど》を祀《まつ》った神田明神《かんだみょうじん》などはその代表的な例である。しかし権力者個人を、その政治的な事績のゆえに神として祀るということはなかった。「大君《おおきみ》は神にしませば」と詠われた古代の天皇であっても、それゆえに個人として神格化されたわけではない。しかし、信長・秀吉・家康といった世俗の権力者たちは、いずれも自分自身が神格化されることを望み、実際に「神」になった。

まず信長は、ポルトガル人宣教師であるルイス・フロイスの記録によれば、一五八二（天正十）年頃、安土《あづち》城の中に摠見寺《そうけんじ》を建立し、自分こそが生きた神であって、これを拝む者は現世利益《りやく》を得ることができると称したらしい。次いで秀吉は、天皇を北京《ペキン》に置いて中国の皇帝となし、皇太子を日本の天皇に据え、自身は寧波《ニンポー》（日明《にちみん》貿易の根拠地）にあってインドを含む東アジアの一大帝国の王者となることを夢見ていたとされる。中華世界の外側から興って中原《ちゅうげん》を支配したチンギス・ハーンの元《げん》帝国のスケールを考えるなら、荒唐無稽《こうとうむけい》とも言いきれないものがそこにはある。その秀吉は、母の懐中に日輪の精が入って生まれた子だという感生帝王《かんせいていおう》の説をもって自己の荘厳《しょうごん》化をはかり、死後には「新八幡《しんはちまん》」（八幡は武士階級の守り神とされた）という神号を得ることを望んだ。「新八幡」は認められなかったが、秀吉は、吉《よし》田《だ》神道《しんとう》の教義によって「豊国《ほうこく》大明神」として祀られた。

家康もまた、死後に「神」となることを望んだ。「東照大権現《とうしょうだいごんげん》」が神としての家康の名であるが、それは朝廷が用意した幾つかの神号の中から幕府が選んだものであり、その上で、朝廷から神号を授かるという形式をとっている。家光《いえみつ》は、自《みずか》ら「東照大権現」である祖父家康の生まれ変わりだと信じていたらしいが、家康の神格化を進め、豪華を極めた霊廟《れいびょう》を日光に建立し、天海《てんかい》（一五三六〔天文《てんぶん》五〕年？～一六四三〔寛永二十〕年。慈眼大師《じげんだいし》。天台僧で山王《さんのう》一実神道《いちじつしんとう》を説いた）に命じて「東照大権現縁起」を作らせた。同時に、例えば会津藩主の保《ほ》科正之《しなまさゆき》（家光の異母弟で、四代将軍の家綱《いえつな》の後見役というべき位置にいた会津藩主）が「土津《はにつ》霊《れい》神《じん》」として祀られて、その墓や廟が会津盆地を見守っているように、将軍より下位の権力者の場合でも、地域の守護神としての神格化がなされていた。

これらの「神」が、実際の江戸の社会においてどのように崇拝されたのか、その実態はよく分からないが、一般の人々の生活や信仰の次元にまで、内面的に何かの支配力を発揮するということは少なかったかと思われる。「東照大権現」も、大名の家格に応じて勧請《かんじょう》される（分霊を祀る）ことで、主として支配層の身分的な結集において機能したように思われる。ただし将軍権力の権威は、家康が「神」とされたというだけで保たれるようなものではなく、「公儀《こうぎ》」「公方《くぼう》」や「天下様」といった用語からも窺えるように、「神」「天」「公」などが絡んだ、幾つもの正統性根拠からなる複合的なものであった。

「神国」イデオロギー

宗教一揆への世俗権力の側からの対抗のもう一つは、日本を「神国」とするイデオロギーの構築である。「神国」という表現は、朝鮮から日本を指したものとして『日本書紀』に用例はあるものの、それが思想的に意味をもつのは中世に入ってからのことである。

中世の人々の世界イメージは、「三国」という言葉で代表される仏教的なものが基調だった。天竺《てんじく》（インド）・震旦《しんたん》（中国）・本朝（日本）が「三国」であり、それは仏教の生誕の地、その伝来のルートを意味している。さらに「辺土粟散国《へんどぞくさんこく》」としての日本という意識にも、強いものがあった。仏教世界の中心（天竺）から遠く離れた辺土の、粟粒《あわつぶ》を散らしたような小さな国ということである。こういった空間意識に加えて、さらにそこには、正法《しょうぼう》の世から像法《ぞうほう》の世へ、さらに末法《まっぽう》の世へという仏教の歴史意識（下降史観）も色濃く影を落としてくる。正しい教え、正しい実践、正しい悟りが揃《そろ》っていた時代（正法の世）から、それらが一つずつ忘れられ、形の上での教えだけは残ってもそれを実践する者はなく、したがって悟りも望めないのが末法である。釈迦《しゃか》の入滅《にゅうめつ》から二〇〇〇年にあたるとされた一〇五二（永承《えいしょう》七）年から末法の世に入るという説が信じられて、それ以降、空間的にも天竺から遠く隔てられ、時間的にも末法に入ってしまった日本という深刻な世界イメージが、中世の日本では、王朝権力の衰退と重ねられて広く受け入れられていった。

その中で、仏の化身としての神々によって守護される神聖な国土という意味での「神国」の観念が、自国認識のキーワードとして生まれてくる。このような「神国」意識の成立には、よく言われるように、いわゆる蒙古《もうこ》襲来が大きな契機となっている。蒙古襲来にあたっては、全国の寺社が総がかりで異敵降伏のための祈禱《きとう》を行い、蒙古の軍勢を打ち破ったことは神々の守護のお陰だとされた。

こうして根を降ろした「神国」意識は、宗教の自律性を譲らない激しい一揆への対抗のために、新しい意味を担って動員された。秀吉は、一五八七（天正十五）年、「伴天連《バテレン》追放令」の第一条で、

日本は神国たる処《ところ》、きりしたん国より邪法を授け候《そうろう》儀、はなはだもって然《しか》るべからず候事。

として、「きりしたん国」との対抗として「神国」を押し出し、さらに第三条では「日域の仏法を相破事《あいやぶること》曲事《くせごと》候条、伴天連《バテレン》儀、日本の地にはおかせられ間敷《まじく》候」と、神仏の加護を受ける神聖な国（神国）からの宣教師の退去を命じた。

権力者が日本は「神国」だと言う時、そこには神仏の守護する国土の秩序を乱すものは、

すべて「邪法」だという論理が孕まれている。阿弥陀仏《あみだぶつ》への帰依を例にすれば、末法の凡夫《ぼんぷ》を浄土に救済してくれる仏として阿弥陀仏を心の中で称《たた》えるのはよい、しかし現世の「日本」「日域」は多くの神仏の加護によって守られる国であり、未来永劫の主としての阿弥陀仏だけを称えることでその神仏の秩序を乱すなら、それは直ちに「邪法」であると。これが、「神国」イデオロギーである。

かつて仏法（宗教的真理）と王法（世俗的秩序）との関係は相即《そうそく》であるとされ、しばしば鳥の両翼や車の両輪に譬《たと》えられた。それが、宗教と権力のあり方をめぐる、古代・中世の正統イデオロギーだったのである。しかし今や、キリシタンへの対抗を踏み台として、宗教的な邪正を決定する新しい枠組みが、暴力的に与えられようとしている。

キリスト教の「神」観念の衝撃

一五四九（天文十八）年、イエズス会の創設メンバーであり宣教師であるフランシスコ・ザビエル（一五〇六～一五五二年）が鹿児島に上陸して、カソリックの教義が日本に伝えられた。これ以降、地球説などの自然科学の成果や、活版印刷術をはじめとする南蛮文化がもたらされるのであるが、思想史の観点からすれば、それまでの日本人がまったく知らなかったキリスト教（カソリック）の「神」観念が決定的な問題である。

隠れキリシタンが伝えた
「聖母子像」（島の館蔵）

キリシタンの称える神（Deus《デウス》）は、唯一にして絶対、万物（あらゆる形あるもの）の創造主にして主宰者である。時間は、その全知全能の神の意志によって動き出し、終末に向かって直線的に進む。終末において、神によって最後の審判が下され、天国（Paraiso《パライソ》）において永遠の救済を与えられる者と、終わることのない地獄（Inferno《インフエルノ》）に落とされていく者とが峻別《しゅんべつ》される。仏教の地獄は、輪廻《りんね》転生《てんせい》の迷いの世界にある者が因果応報の理によって落ち、さらに輪廻転生を続けるのであるが、カソリックの教義では、邪《よこしま》なる神や偶像を崇拝した者、戒律を犯しながら懺悔《ざんげ》を怠った者は、父なる絶対者の審判によって終わることのない苦界に落とされるのである。この神は、最初「大日《だいにち》」と訳され、「天道」「天帝」「天尊」「天主」などの訳語が用いられたこともあったが、ついには日本の漢字語彙《ごい》に翻訳することが断念されて、原語デウスのままか、〓のような組み合わせ文字によって表記されることになった。

今日の私たちは、Godを、あまり深く考えることなく「神」と訳してしまうが、「大日」や「天道」などの訳語が一度は当てはめられながら放棄されたのは、デウスの神格を、一定の宗教的語感を身にまとった既成の漢字語彙で表現することはできないことを思い知ったからである。そこには、それまでの日本人が馴染んできた「神」という名の超越者観念と、一神教の「神」とのあまりの断絶に対する正当な洞察がある。

時間も空間も、天地・山川・動植物・人間も、〈おのずから〉そこに〈しかるべく〉あるものとして日本人は受け入れてきた。それが日本語の「自然」であって、そういう「自然」的な世界観の中に日本の「神」は収まっている。日本人が懐く「神」のイメージは、唯一絶対の創造主ではないし、終末において裁きを与える神でもない。例えば風神や雷神のように、人間の能力や知恵を超越した力をもった畏怖すべき不思議なもの、そのすべてが日本の神々であった。神々に対しては、丁寧に祀ることで、その心を和らげ恐るべき力を鎮め、その加護を祈るというのが、神々への対し方なのである。カソリックの説くデウスは、そういう日本人の精神的伝統からは容易に想像できないものであった。

ザビエルやその後継であるヴァリニャーノらは、日本人の資質を好意的に評価して、日本人の中からも指導者を養成しようとし、そのためのセミナリオ（神学校）を設けている。そういう機運の中から、日本人で深くキリシタンの教理を体得して、日本語による教理書を著すほどの人材も少数ながら現れた。

そうした教理書の最高傑作が、不干斎《ふかんさい》ハビアン（一五六五〔永禄八〕年～一六二一〔元和《げんな》七〕

年。加賀ないし越中の生まれか。臨済宗の大徳寺《だいとくじ》で修行をしたともされる。俗名は伝わらない）が一六〇五（慶長十）年に著した『妙貞問答《みょうていもんどう》』である。そこでは、異教徒（浄土宗）の妙秀《みょうしゅう》とキリシタンである幽貞《ゆうてい》の問答体という形式が採用されて、幽貞が、「天地造作の主」としてのデウスに帰依すれば死後に天国（ハライソ）に昇って永遠の安らぎが得られることを説く。さらに幽貞は、禽獣草木《きんじゅうそうぼく》と隔絶したものとして作られた人間には、尊厳不滅の「アニマ・ラショナル」（霊性）が与えられていることを説き、仏教や神道がそれを知らないこと、儒教も人間に内在する道徳性の究極の根拠に行き着いていないことを徹底して批判し、最終的には妙秀がキリシタンに改宗することで終わっている。こうしてキリシタンとしての学識を誇ったハビアンは、一六〇六（慶長十一）年には、幕府の儒者であった林羅山《はやしらざん》とキリシタン教理をめぐっての論争も行っている。

『妙貞問答』には、こうある。神道は「夫婦交懐《きょうかい》の陰陽の道」（男女の性交を原イメージとした生命誕生と五穀豊穣の賛歌）を拡大しただけのもので宗教として取るに足らず、儒教も「虚無自然の無極を根本」とするだけで、「有智有徳《うちうとく》の能造《のうぞう》の主」（天地万物を創造した主体）を知らない。仏法もまた「運命をつかさどり玉う主《あるじ》一体まします事」を知らない。そして「仏法は畢竟《ひっきょう》、空無を以《もっ》て立《たて》たる法にてそうらえば、善悪不二《ふじ》、邪正一如《いちにょ》と見〔中略〕何ぞ泰平のもといと申事の侍《はべ》らん」、こうして「邪《よこしま》なる仏神を敬うが故に、日本は天罰として他国よりも兵乱はしげ（繁）きと覚えそうろう」。

神国イデオロギーは神仏が国土を守護すると説くが、『妙貞問答』は逆に、「天地万像《まんぞう》の御《ご》作者《さくしゃ》」「現世《げんぜ》安穏《あんのん》、後生善所《ごしょうぜんしょ》の主」を知らずに、仏教の「善悪不二」（善悪邪正の対立を絶対的・固定的に捉えない）の立場から邪神を崇拝したからこそ戦国乱世が続いたのだとする。キリシタンは、「天地の御作者、貴きDS（デウス）の御名に掛」けて誓約をするから、臣下が主君を裏切ることはなく、「主人をば心の底より大切に敬」い「君臣の安穏」が真に実現するのだと主張される。こうして『妙貞問答』は、宗教的・実存的な問いかけという点での深みに欠けるきらいはあるものの、日本人の理解しえたキリシタン教義と、仏・儒・神の教えとの違いを見事に整理してみせた（ちなみにハビアンはその後一六〇八〔慶長十三〕年に棄教し、一六二〇〔元和六〕年、キリシタンを排撃する著作『破《は》提宇《だいう》子《す》』を著すことになる）。

キリシタンの与えたものは、それまでの日本人の精神風土になかった神観念、最後の審判と救済の思想、「アニマ・ラショナル」に象徴される人間観だけではない。生命を賭《と》しても自らの信じる真理に生き、受難に耐え、それによって栄光へ至るとする確信に満ちたキリシタンの態度は、重い衝撃を人々に与えた。それは、「殉教」を喜びとすることへの驚嘆でもある。キリシタンの神は、信徒をそこまで変えてしまうのかと当時の人々は驚いたに違いない。「丸血《まるち》留《る》の道」と題されたキリシタン文献には、殉教こそがデウスへの最大の「御奉公」

であることが、こう書かれている。

汝果《なんじはて》し無き陰《イン》ヘルノ（地獄）の苦を受んよりも、ペルセギサン（迫害）の短き難儀を、心能《よ》く丸血留（殉教）の道より、パライゾ（天国）の湊《みなと》へ直《す》ぐに至んことを歎《なげ》き（希望し）、御主の御恩と、わきて御パション（キリストの受難）に顕《あらわ》し玉《たま》いたる、比類無き御大切（キリストの愛）に対し奉《たてまつり》て、如何《いか》なるはげ敷《し》き御奉公をも勤むべきと、不断覚悟を致べきこと肝要也。

迫害はなぜ起こるのか、それは真実のキリシタンと偽りのそれを明らかにさせるためのデウスの計らいとしてある。キリストに倣って真理を証し、受難の苦しみに耐えて栄光に至る。「丸血留の道」は、最初の殉教者であるキリストに連なるべき「パライゾ」に直結する献身であり、デウスへの最大の「御奉公」なのである。殉教は、自分一人の計らいでするのではなく、そこにもデウスの力が働いている。

畢竟《ひつきよう》御主のわきて御大切に思召し玉う善人達をば、大概丸血留に成し玉《たまう》者也。

殉教は、デウスに選ばれたことであり、殉教者の血は「キリシタンダデ（キリスト教会）の種子」とまで賛嘆された。そしてその霊魂は、天国において、福者や聖人のような栄光に満ちた位に就くことが約束される。こうして殉教は、最大の愛の実践、信仰の証《あかし》なのであって、これを歓喜せずに何を歓喜せよというのかと説かれる（殉教者は四〇〇〇人以上にのぼった。ちなみに信徒数は、十七世紀初頭で五〇万人ともいわれる）。

「釈尊御領」の論理

日奥《にちおう》（一五六五〔永禄八〕年～一六三〇〔寛永七〕年）は、京都の呉服商の子である。十歳で日蓮宗の妙覚寺《みようかくじ》の日典《にってん》のもとで出家し、修学に努めて妙覚寺を継いだ。一五九五（文禄《ぶんろく》四）年、東山《ひがしやま》に方広寺《ほうこうじ》を建立《こんりゆう》した秀吉が千僧供養会《くようえ》を催すことになり、日蓮宗にも一〇〇人の僧を出すように求めてきた。これをめぐって、宗内の意見は分裂する。

日奥は、法華経《ほけきよう》を誹謗《ひぼう》する他宗の信者からは一切の施物《せもつ》・供養を受けず、また一切の布施・供養を授けないとする「不受不施《ふじゆふせ》」の立場をとった。これとは異なって日重《にちじゆう》らは、国主の布施は特別だという主張をして「受不施」の姿勢を打ち出したのである。一五九九（慶長四）年、家康はこの二人を大坂城内で対論させたが、日奥は「不受不施」の立場を譲らなかったために、翌年、対馬《つしま》に流罪《るざい》に処せられた。一三年に及ぶ流罪から帰った日奥は、一六一六（元和二）年、『宗義制法論《しゆうぎせいほうろん》』を著して自らの信念を明らかにする。一六三〇（寛永七）年二月、幕府は再び「不受不施」と「受不施」の対論を江戸城内で行わせ、四月、日奥らは重ねて流罪の処分を受けた（ただし日奥は、幕府による裁決の直前に亡くなったため、「死後の流罪」と呼ばれる）。

この『宗義制法論』で日奥は、次のように述べている。

> 当宗の立義《りゅうぎ》は、偏《ひと》えに仏勅《ぶっちょく》を重んじて、世間の貴命《きめい》を憚《はばか》らず。専ら身軽法重《しんきょうほうじゅう》の掟《おきて》を守りて、法を弘《ひろ》む。法を曲げて貴命に随うは、これ諂曲《てんごく》の者なり。また国恩を知らざる者なり。世法《せほう》にはこれを諛臣《ゆしん》と名づけ、仏法にはこれを国賊と号す。賢者の悪《にく》む所、聖者の恥ずる所なり。

ここでの「法」は仏法、具体的には『法華経』の教えである。「仏法」の命じるままに行動すべきであって、権力者の命令（「貴命」）だからといって、「仏法」を曲げてはならない。そして、そのように「仏法」のままに進んで阿諛迎合《あゆげいごう》もしないことが、仏教者として「国恩」に報いる道なのだと説かれている。

宗祖である日蓮からの伝統として、国主に対して、「仏法」（『法華経』）の立場から積極的に働きかけ、国主を正しい信仰に目覚めさせることが重んじられてきた。日蓮はまた、「悪王」が「正法」を破ろうとするなら、これに対して「獅子《しし》王」のように立ちはだかれと説いた（「佐渡御書」）。「国主諫暁《かんぎょう》」とも呼ばれたこの伝統は日奥の中にも脈打っていて、事あるごとに国主諫暁を実行した。この「諫暁」という行為を支えるのは、この国土を「釈尊御《しゃくそんご》領《りょう》」とする独特の観念である。そこでは「国主」は、本来からすれば釈尊《シャカ》の領土である国土を一時的に預かっている存在、あるいは『法華経』の理想をこの国土において実現するための道具的な存在とされる。日奥の言葉を聴いてみよう。

今この世界は悉《ことごと》く、教主釈尊の御領なり。〔中略〕また法華の行者は、教主釈尊の愛《あい》子《じ》なり。〔中略〕梵王《ぼんのう》・帝釈《たいしゃく》は、仏の左右の臣下なり。仮に釈尊の御領を預って三界を領し、法華の行者を養うべき守護神に付けり。〔中略〕四天《してん》・輪王《りんのう》は、皆これその眷属《けんぞく》なり。小国の君王、誰か釈尊の御領を押領《おうりょう》せんや。十方恒沙《じっぽうごうじゃ》の国土、なお教主釈尊の領内なり。扶桑国《ふそうこく》（日本）、あに法王の御分国に漏れんや。

「梵王・帝釈」は、仏法の守護神である梵天王と帝釈天。「三界」は、衆生の往来止住する三つの迷いの世界、具体的には欲界・色界《しきかい》・無色界である。「四天・輪王」は、帝釈天に仕える四天王（持《じ》国《こく》天・増長天《ぞうちょうてん》・広目天《こうもくてん》・多《た》聞《もん》天）と世界全体の偉大な聖王としての転輪聖王《てんりんじょうおう》のこと。転輪聖王は、武力を使うことなく、ただ正義の力によって全世界を治めるとされた理想の帝王である。「十方」は宇宙全体、「恒沙」は恒河沙《ごうがしゃ》とも言い、ガンジス川の砂で、無数の譬《たと》えである。ここで日奥は、あらゆる国土はすべて「釈尊の御領」であって、「梵王・帝釈」は「仮に」それを預かる者であり、「四天・輪王」は、これを助けるべき者だと述べている。そしてそれらの目的は、いずれも「法華の行者を養う」ことにある。とすれば、「法華の行者を養う」ことをしない権力者などは、単なる「押領」者に過ぎない。「扶桑国」も「法王（釈尊）の御分国」である以上、その権力者は、本来の国土の持ち主である釈尊に従い、奉仕しなければならないことは当然である。

これが、日奥が譲らなかった、日蓮以来の「釈尊御領」の論理である。しかしこれは、近世の世俗権力の認めるところではなく、日奥は、その死後においても流罪の処分を受け、不受不施派はキリシタン同様の酷烈な弾圧の対象となった。この日奥らを外護《げご》していたのは、京都の上層町衆《まちしゅう》（旦那衆《だんなしゅう》）である。室町時代からの彫金家の後藤《ごとう》家をはじめ、本阿弥《ほんあみ》家、茶屋《ちゃや》家、狩野《かのう》家、尾形《おがた》家、そして長谷川等伯《はせがわとうはく》などいずれも篤信《とくしん》の「法華の行者《ぎょうじゃ》」である。華麗な桃山・寛永の文化を担ったこれら町衆の「法華の行者」たちの精神世界もまた、〈徳川の平和〉を達成させたその同じ力によってねじ伏せられたということであろう。

宗教一揆は、日奥の死から八年、島原・天草のキリシタン一揆が壊滅された時をもって終わった。それから一世代を過ぎる頃には、キリシタンではないことの証明が檀那寺《だんなでら》から寺請証文として発行され、結婚・出生・死亡・転居・奉公人召抱えなどごとにそれが交付される寺檀制が隅々まで行き渡っていく。江戸時代に多くの百姓一揆が起こったが、宗教的な契機をそこに見ることはない。それは、中国や朝鮮の農民反乱との大きな相違である。宗教一揆の徹底した鎮圧が、宗教の社会的なあり方をいかに根本的に変えてしまったか、ここにその一端を見ることができる。

第2章　泰平の世の武士

「士」とは、そもそもどのような意味だろうか。「士」は、東アジア世界においてどのようなものとして受け取られていたのか。一般的には、徳行《とくこう》ある君子ということであろうが、それを私なりの言葉で表現すれば、天下国家に想いを馳せる知識人（読書人）ということであったように思う。特定の分野についての知識ある人、あるいは知識の幅の広い人が知識人ではない。『論語』の「曾子曰、士不可以不弘毅、任重而道遠、仁以為己任、不亦重乎、死而後已、不亦遠乎」（曾子《そうし》曰《いわ》く、士はもって弘毅《こうき》ならざるべからず、任重くして道遠し、仁《にん》もって己《おの》が任となす、また重からずや、死して後已《や》む、また遠からずや）は、そういう「士」の性格を古典的によく示している。

「士」は、自分一己の満足を求めるだけでは「士」とは言えないので、どれほど現実政治から疎外されていても、「仁」の実現を理想として掲げなければならない。知識もまた、全体への視野をもたない専門知・技術知ではなく、人格的な「徳」に結びついた人文的・古典的な教養（それが「文」であろう）と言うべきものであった。そういう教養を体得した読書人は、「士大夫《したいふ》」（朝鮮においてはとくに「ソンビ」）と呼ばれる。それが「士」であったとすれば、「武士」とは何であろうか。

朝鮮通信使の観察

幕府は、朝鮮王朝と正式の通交（国交）関係を結んでいた。ちなみにオランダや清との関係は、それより位置付けの低い通商関係である。釜山《プサン》には日本側の外交施設として倭館《わかん》が置かれ（五〇〇人ほどの対馬藩士が常駐した）、対馬藩が窓口となって両国の交渉を取り仕切った。

朝鮮からは、江戸時代を通じて一二回の正式の外交使節団、朝鮮通信使が日本を訪れている。一七一九（享保《きょうほう》四）年、徳川吉宗《よしむね》の将軍職就位を祝って、洪致中《こうちちゅう》を正使とする通信使（一行は全部で四七五人）が日本を訪れた。四月にソウルを発《た》って、関門海峡から瀬戸内海を山陽道に沿って進み、大坂から陸路を行って十月に江戸に着き、翌年の一月に帰国、復命（国王への正式な報告）をしている。その時、製述官として随行したのが申維翰《しんいかん》という人物で、

その紀行文が『海游録《かいゆうろく》』である。そこには日本の説明として、

国に四民あり、曰く兵農工商がそれである。士はあずからない。

と述べられていた。「兵農工商」とは耳慣れない表現であるが、「士」という自負をもつ申維翰からすれば、日本に「士」はいない。

いわゆる儒者は、学ぶに詩文をなすが、科挙試による仕進《ししん》の路《みち》がない。ゆえに、ようやく声誉《せいよ》を得たところで、各州の記室にとどまる。

科挙の制度がないから、儒教を学んでも、せいぜい公文書の起草や管理を任されるくらいのところだというのである。こうして儒者が権力から遠いところに置かれるということは、日本の秩序が「文」や「徳」（学問や道徳）に拠《よ》っているのではないことを意味している。街道筋や町中で、朝鮮通信使を見物する群衆が整然と秩序だっていて、「一人として妄動し路を犯す者がない」ことに注意しながら、申維翰は、それをこう分析している。

これは、礼教があってかくの如くに治まったものではない。国君（将軍）と各州太守《たいしゅ》（大名）の政がもっぱら兵制から出ており、大小の民庶が見て習ったのも、一《いっ》に軍法の如きものである。

これは、見物人の振る舞いについてのみ言われたものではないだろう。秩序だって見える日本社会の構成が、「文」や「徳」とは無縁の軍事的な性格、「士」を必要としない野蛮さで

支えられていることを言っている。

秀吉の侵攻が与えた甚大な被害を思えば、『海游録』がこのように日本を見ることにも、それだけの歴史的な理由があるとすべきかもしれない。しかしそれにしても、礼教の国（小中華）を自負する「士」の目に、日本には「士」がいないと映ったという事実には、「武士」という言葉を抵抗なく使っている私たちの感覚を問い直し、あらためて「武士」とは何かを考えさせる契機が含まれている。

中世武士の思想

武士は、戦闘を職能とする武装自弁の集団として登場した。「兵」は武具を与えられ、コマとして動かされる者であるから、両者は同じではない。それはともかく、中世の武士たちは、「弓矢取る道」「武者《むしゃ》の習」などと呼ばれる独特な規範をもつようになっていた。「名」を重んじて「恥」を恐れ、軍功を競い、同輩に後れをとることを嫌う。それは「武辺の意地」を立てる、「おのれの一分」を立てるというような剛直な精神でもあって、その社会的な基盤は、在地に根付いて館《やかた》を構え所領を支配し、一族郎党を抱えて武士団を作っていることにあった。所領の支配については独立して不可侵であり、誰の干渉をも許さない独立性を誇った。

このような武士によって政治が運営される中から、法体系は「道理」に基づくべきものであり、政治家は公平・無私であれというような思想が生まれてきた。最古の武家家訓である「北条重時家訓《ほうじょうしげときかくん》」（十三世紀中頃の成立）には、一族郎党を率いるべき武士の理想の姿が、「仏・神・主・親に恐をなし、因果の理を知り、後代の事をかがみ（かんがみ）、凡《すべ》て人をはぐくみ〔中略〕心剛にて、かりそめにも臆病《おくびょう》に見えず、弓箭《きゅうせん》の沙汰《さた》ひまなくして、事に触れてなつかしくして、万人に昵《むつ》び、能《よ》く思われ、皆人ごとに漏《もら》さず語《ことば》をかけ、貧げなる者に哀みをなし、妻子眷属《けんぞく》にいたるまで、常にうち咲《わらい》て、怒れるすがた見ゆべからず」と描かれている。超越者への畏怖、物事への洞察、武士としての強み、周囲への配慮、人間的な魅力……これらを兼ね合わせるのが、あるべき武士の棟梁《とうりょう》なのである。

「文」や「徳」に依拠する東アジアの正統的な価値観からすれば、戦闘者の世界から独特の思想が生み出されてくるなど、およそ考えられない。しかし日本では違っていた。武士はいつまでも単なる戦闘者ではなく、為政者でもあったからである。中世武士の思想を引き継ぎながら、長い泰平の時代は、武士たちにどのような新しい自覚をもたらしたのだろうか。

武士は何のためにあるのか——山鹿素行の問い

大坂夏の陣によって豊臣家が滅んで（荻生徂徠《おぎゅうそらい》などは、この時をもって幕府支配の確立と見な

山鹿素行

している）七年の後、一六二二（元和八）年、山鹿素行《やまがそこう》は、浪人の子として会津の地に生まれた。六歳で父に従って江戸に出て、儒教を林羅山に、兵学を小幡景憲《おばたかげのり》や北条氏長《うじなが》について修め、同時に『源氏物語』や『万葉集』を学び、さらに忌部《いんべ》神道（南北朝時代に忌部正通《まさみち》が唱えた神道）や両部《りょうぶ》神道（平安時代からの真言密教系の神道）も学習している。素行は兵学者として知られる人物であり、若くして諸侯と交わり、幕府に仕えることを希望していた。幕府への仕官はかなわなかったが、三十一歳から八年間、播州《ばんしゅう》の赤穂《あこう》藩（浅野家）に仕えている。

　素行が儒教の専門的な学者であり、かつ兵学者でもあったということに、まず注意しよう。中国や朝鮮の伝統では、『孟子』に「労心者治人、労力者治於人、治於人者食人、治人者食於人、天下之通義也」（心を労する者は人を治め、力を労する者は人に治めらる、人に治めらる者は人を養い、人を治むる者は人に養わる、天下の通義なり）とあるように、知識労働と肉体労働とは厳密に区別されて、交わることのない別世界である。兵学は、軍略として知識労働の面とともに、兵器の操作をはじめ、実地の訓練、技術の修得という身体的な面を兼ねた実用の学であって、江戸の学者が、多かれ少なかれこのような実用の学を身に付けているということは、江戸の思想史にとっても重要な要素であろう(後に医学の問題にふれる)。

素行は「武家日用の学」を求めていく中で、四十歳の頃から朱子学への疑問を募らせ、一六六五(寛文五)年、四十四歳の時に、その疑問をまとめて『聖教要録《せいきょうようろく》』として刊行した。この書物の刊行は、厳格な朱子学者として知られる山崎闇斎《やまざきあんさい》をブレインとしていた保科正之の怒りをかい、素行は流謫《るたく》の処分を受けている(正確には、かつて仕えた浅野家に「預かり」。日本歴史の書である『中朝事実《ちゅうちょうじじつ》』をここで著した)。

素行が自らの思想遍歴を明らかにした書である『配所残筆《はいしょざんぴつ》』を見てみよう。そこに溢れるのは、自分たちは武士だという強烈な自覚である。

我等存候聖学の筋目は、身を修《おさめ》人を正し、世を治平せしめ、功成名遂《なりとげ》候様に、其故《そのゆえ》は我等今日、武士の門に出生せり。身に付て五倫の交際有之《これあり》、然《しかれ》ば自分の心得作法の外に、五倫の交《まじわり》、共に武士の上にての勤《つとめ》有之、其上武門に付てはわざ大小品多し。

道徳や教養に優れた人格が、世を治め民を安んじるのではない(儒教ならそう考える)。「武士の門に出生」した者は、世を治め民を安んじる責任があるから、「身を修」めなければならないのである。武士は、自分のことだけを考えるのではない、武士としての交際があるし、一身の嗜《たしな》み、礼儀作法から統治の担い手としての教養や技能まで、武士として身に付けておくべき「わざ」も多い。

では、あらためて武士とは何かと質問したなら、素行はどう答えるだろうか。

> 或《あるい》は耕して食をいとなみ、或はたくみて器物を造り、或は互に交易利潤せしめて天下の用をたらしむ、是《これ》農工商不得已《やむをえず》して相起れり。而《しか》して士は不耕《たがやさず》してくらい、不造《つくらず》して用い、不売買《ばいばいせず》して利たる、その故何事ぞや。（『山鹿語類』）

社会にとって農工商の三民の存在価値は明らかであっても、武士について、それは自明ではない。武士は三民の上に立つというが、実は遊民ではないのか――こういう声を、素行は心の奥に聞いていた。「武士の門に出生」した素行は、この声に対して、次のように答えてみせる。

> 凡《およ》そ士の職と云《いう》は、其身を顧《おも》うに、主人を得て奉公の忠を尽し、朋輩《ほうばい》に交《まじわり》て信を厚くし、身の独りを慎《つつしん》で義を専《もつぱら》とするにあり。而して己れが身に父子兄弟《けいてい》夫婦の不得已《やむをえざる》交接あり。是又天下の万民 各《おのおの》なくんば不可有《あるべからざる》の人倫なりといえども、農工商は其職業に暇《いとま》あらざるを以て、常住相従て其道を不得尽《つくすことをえず》。士は農工商の業をさし置て此道を専つとめ、三民の間苟《いやし》くも人倫をみだらん（乱す）輩をば速《すみやか》に罰して、以て天下に天倫の正しきを待つ。是士に文武の徳知不備《そなわらずん》ばあるべからず。（同）

「職業」としての日々の労働に精一杯である「農工商」の「三民」に、「人倫」（「道」）の手本を示すのが「士の職」だということである。このような素行の議論は、武士の存在価値を儒教の理論によって説いたものだと言われる。それは間違いとは言えないが、大事な点は、武士は何のためにあるのかという問いの前に立たされ、その回答としてこういう説明がなされたということである。中国や朝鮮の士大夫〔読書人＝官僚〕は、そもそもそういう問いの前に立たされることがない。「文」や「徳」の担い手としてのその存在価値は、あまりにも自明だからである。素行の場合、それは一見すれば武士の儒教的な正当化であるが、およそ儒教の世界では考えられない問題にぶつかっているということが、より重要なのである。

素行は他の箇所で「民は我が家の職を勤むるに暇なく」と述べて、「家」を単位として生業に励む「農工商」の「三民」に対置しながら武士の存在意義を説いている。武士は何のためにあるのか――この問いを武士にぶつけた力は、道徳外の存在とされてきた多くの人々が、「我が家の職を勤むる」ことを通じて確実に成長してきたという現実である。

『三河物語』と『葉隠』――忠をめぐって

『三河物語《みかわものがたり》』は、戦国時代末期から江戸時代初頭を生きた三河武士である大久保忠教《おおくぼただたか》（一五六〇〔永禄三〕年～一六三九〔寛永十六〕年。通称は彦左衛門《ひこざえもん》）が、徳川家の歴史と大久保家の戦功を語りながら、徳川家譜代の家臣として生きるための教戒を子孫に書き残したものである。

忠教は、「御普代の衆は、よくてもあしくても御家の犬にて」と述べて、周囲からどう見られようとも、絶対的な忠誠を「御家」に尽くすのが譜代の臣としての生き方だとする。それは、主君への隷属ではない。時には諫争《かんそう》もする。しかし忠教の関心は、平和な時代がやってきて武士に要求されるものが変わり、譜代が軽んじられる風潮の中で、子孫が譜代らしく生きるにはどうあるべきかという一点にある。

垢抜《あかぬ》けた口達者な者、いかにも能吏らしい者、その多くは新参の雇われ武士なのであるが、そういう者が重宝がられて出世していく。そういう時勢だからこそ、「無骨」な譜代武士はそれを真似《まね》たり僻《ひが》んだりせず、与えられた場所がたとえ不満なものであっても、そこで忠勤を尽くすべきことを忠教は諄々《じゅんじゅん》と説く。陽の当たらない場所にやられるのは「御主の御不足」(主人の見る目のなさ)であるが、それに報いるに「御機嫌のよきように御奉公」してこそ譜代なのである。冷遇に短慮を起こしてはならない、見切りをつけてはならない、まして主君への反逆など論外で、忠教は感極まったようにこう言う。

御主様へ御無沙汰(不忠)申上たる者ならば、我死したりと云共、汝共がふえのね(のどぶえ)に喰付《くいつき》て、喰殺すべし。

こうして『三河物語』が説くのは、武士一般の生き方ではない。生死を共にして主家の活路を開いてきた譜代武士が、泰平の時代、次第に取り残されていく状況の中で、戦功に代わる自分たちの生の根拠をどこに求めるべきか、その必死の呻《うめ》きなのである。
佐賀藩（鍋島家《なべしま》）に仕えた山本常朝《やまもとつねとも》（一六五九〔万治《まんじ》二〕年〜一七一九〔享保四〕年）は、主君に追腹《おいばら》（殉死）をしようとして果たさず、出家していた（出家後は常朝《じょうちょう》）。殉死は、幕府の方針で、すでに一六六〇年代（寛文年間）から禁じられていたからである。その常朝を慕う藩士の田代陣基《たしろつらもと》が、晩年の常朝の口述を筆記して『葉隠』が遺《のこ》された。素行の死から一世代が経っている。
素行が、戦闘者としての精神的伝統の上に、「三民」に向き合う道徳的指導者としての武士像を打ち立てたとすれば、「生々世々御家を嘆き奉る心入れ、これ鍋島侍の覚悟の初門、我等が骨髄にて候」と述べる『葉隠』は、「鍋島侍」の生き方は「主君の御用に立つ」べきことに尽きると言う。そして、
〔出家の身である〕今の拙者に似合わざる事に候えども、成仏などは嘗《かつ》て願い申さず候。七生《しちしょう》迄も鍋島侍に生れ出で、国を治め申すべき覚悟、胆《きも》に染《し》み罷《まか》り在るまでに候。気力も器量も入らず候。一口に申さば、御家を一人して荷《にな》い申す志出来申す迄に候。
と言ってのける。素行が求めた学問や教養、普遍的な「人倫」への志向は、ここにはない。
それは、
釈迦も孔子も楠木《くすのき》も信玄《しんげん》も〔中略〕当家の家風にかない申さざる事に候。〔中略〕御被

官ならば余所《よそ》の学問無用に候。〔中略〕国学にて不足の事、一事もこれなく候。

とも述べられる通りである。仏教も儒教も兵学も、「当家の家風」に沿うものではないから不要で、「国学」(鍋島家代々の歴史や武勲などの知識)だけで十分だと言うのである。

では、「主君の御用に立つ」とは具体的にどのようなことかといえば、例えばそれは「諫《かん》言《げん》」をなすことである。

主人に諫言をするに色々あるべし。志の諫言は脇に知れぬ様にするなり。〔中略〕(知られれば)これ皆主人の非を顕《あら》わし、我が忠を揚げ、威勢を立つる仕事なり。多分他国者にこれあるなり。

わずかでもそこに、「我が忠」を示そうという自己顕示欲があってはならず、ひたすら主君を思う気持ちに純粋でなければならない。その純粋さは、「理非」「分別」を超えることに求められる。

忠の不忠の、義の不義の、当介《あてがい》の不《ふ》当介《あてがい》のと、理非邪正のあたりに心の付くがいやなり。無理無体に奉公に好き、無二無三に主人を大切に思えば、それにて済むことなり。〔中略〕忠の義のという、立ち上りたる理屈が返す返すいやなり。

あるいは、

武道に於て分別出来れば、はやおくるるなり。忠も孝も入らず、武士道に於ては死狂いなり。この内に忠孝はおのずから籠《こも》るべし。

とされるように、主人への「忠」は否定されるわけではないが、それを「理屈」として詮索《せんさく》したり、規範として定立する（忠とはかくあるべしと言説化させる）ことは嫌われる。それはおそらく、そのような「理屈」を立てようとする中に、自己中心的な不純さを認めるからである。

武士道というは、死ぬ事と見付けたり。二つ二つの場にて、早く死ぬかたに片付くばかりなり。別に仔細《しさい》なし。胸すわって進むなり。〔中略〕我人、生きる方が好きなり。多分好きの方に理が付くべし。若《も》し図にはずれて生きたらば、腰抜けなり。この境《さかい》危うきなり。図にはずれて死にたらば、犬死気違なり。恥にはならず。〔中略〕毎朝毎夕、改めては死に死に、常住死身になりて居る時は、武道に自由を得、一生越度《おちど》なく、家職《かしょく》を仕果すべきなり。

常朝にとって「理」は、どのような意匠を施そうとも、結局「好きの方に」付くものである。「忠」の「理」を規範として立てるという志向のうちに、自己の不純を理屈で取り繕《つくろ》おうという気持ちが潜んでいて、そこに定立された規範の中にも、形を変えた自己中心性が忍び込んでしまう。「毎朝毎夕」不断に「死身」となることで、武士として何ものにもとらわれない、つまり自己の「好き」にもとらわれない高次の「自由」を得て、結果的には「一生越度なく、家職を仕果す」ことができるというのである。こうして『葉隠』は、「家職を仕果す」ために、武士はどう生きねばならないかを語っている。

そして常朝の場合、それが秘められた官能とも連続している。

恋の至極は忍恋《しのぶこい》と見立て候。逢《あ》いてからは恋のたけが低し、一生忍んで思い死する事こそ恋の本意なれ。

恋心を悟られず「思い死する」ほどの恋を「恋の本意」とする常朝は、家臣から主君への忠誠の根底にも、この「忍恋」の心が秘められると言う。先に「無二無三に主人を大切に思えば」とあったが、その「大切に思（う）」にも、おそらくこのような官能の色合いが潜んでいる。

「好き」に流される時、緊張が緩んで、理屈を操作して自己正当化したい欲望が生まれる。それは武士として恥かしい、「自由」を失ったありようなのである。緊張の中に自己を置いて自己を放たないこと、それは、深い恋心を懐きながら、それと悟られずに相手に接し続けるに似た、秘めやかな愉悦に支えられている。

第3章　禅と儒教

内乱の時代をくぐった人々の心の拠り所は、中世の精神世界から連続した仏教的な境地を基底としたものであったが、〈武威による泰平〉を築こうとする力は、それをもまた組み伏せる。

それを劇的に示すものは、おそらく千利休《せんのりきゅう》（一五二二〔大永《たいえい》二〕年～一五九一〔天正十九〕年）の生涯である。利休の求めた茶が、禅に深く裏付けられていたことは言うまでもない。利休が秀吉から命じられた死の意味については、多くの歴史家や文学者によってさまざまな解釈が与えられているが、その死が、宗教（芸術）の自律性を徹底して憎悪する権力の誕生と一体のものであることは疑えない。独立不羈《ふき》の強みをもって生きた在地の武士を、土地との結合を断たれた吏僚《りりょう》としての武士へと再編させる力、刀や鉄砲で武装していた誇り高い農民から武器を取り上げようとする力と、利休に死を命じた力は、根本のところで別なものではない。

仏教が築いてきた厚みはやはり圧倒的に偉大なものであり、江戸時代の初頭においても、〈人間とは何か〉という根源的な問題に突き当たった時、人々は、禅をはじめとする仏教から学ぶことで自らの思索を深めようとした。日本の儒教もまた、禅の伝統の中から、禅に対抗することによって生まれたという出自をもっている。藤原惺窩《ふじわらせいか》（一五六一〔永禄四〕年～一六一九〔元和五〕年。『新古今和歌集』の歌人である藤原定家の一一世の孫）は相国寺《しょうこくじ》で、林羅山（一五八三〔天正十一〕年～一六五七〔明暦三〕年）は建仁寺《けんにんじ》で、山崎闇斎《めいさつ》（一六一八〔元和四〕年～一六八二〔天和《てんな》二〕年）は妙心寺《みょうしんじ》で、それぞれが京都の臨済宗の名刹で禅の修行をすることから学問を始めている。この三人はいずれも、かつて学んだ禅を離れ、人倫の道としての儒教を選んでいくのであり、江戸期の朱子学《しゅしがく》はこの三人から発展していくことになる。

儒教を学ぶために大陸への渡航を試みたこともある惺窩は、慶長の役（丁酉倭乱《ていゆうわらん》）で日本側の捕虜となり、一五九八（慶長三）年から三年の抑留生活を強いられた姜沆《きょうこう》（一五六七～一六一八年。名門の朱子学者で李退渓《りたいけい》の門流）から朱子学を学んで、釈奠《せきてん》（孔子を祭る儀礼）の手ほどきを受けた。姜沆の著『看羊録《かんようろく》』によれば、惺窩は武士階級の野蛮を嫌悪し、儒教の儀礼が日本にないことを嘆いている。羅山や闇斎は、陽明学（朱子学に対して、明代に王陽明によって革新された儒教）を斥けて朱子学を正統の儒教としたが、惺窩は、両者の「異中の同」を求めるという姿勢を崩さなかった。

「無心」と「自由」

沢庵《たくあん》（一五七三〔天正元〕年〜一六四五〔正保《しょうほう》二〕年）は、臨済宗の禅僧である。一六二七（寛永四）年、いわゆる紫衣《しえ》事件によって出羽国の上山《かみのやま》に流されたが、後に許されて、徳川家光、御水尾《ごみずのお》天皇ともどもの信任を得ることになった。この沢庵が、次のように儒教を論評している。

儒道の人などは、あしく心得て、心は一身の主なり、主を失うたらば、狂人たらんなどと云えり。一向合点の行かざる心得なり。一切の事業、初は心を主として、心に其事を能《よ》くとめてするものなり。至り得ては、心を忘れて、無心に作《な》す位へ行かざれば、上手とは云われぬぞ。仏法の至極は、無心無作なり。（『安心法門《あんじんほうもん》』）

「心は一身の主」とは、朱子学と陽明学を通じて近世儒教の不動の命題であるが、沢庵は、「心を主として」何事かをなすのは「初心」の位であって、「仏法の至極」である「無心無作」、一切の作為性を超えた境位は、それらの上に立つものだと主張する。

儒教において、「一身の主」としての「心」を確立させる工夫は「敬」である。「敬」は、朱子学では「動静」を貫く工夫《くふう》として重んじられた。「心」が緊張と熱量を湛《たた》えながら静かに止まっている次元（未発《みはつ》）と、「心」の発現・躍動の次元（已発《いはつ》）と、その二つを一貫して、「心」をあるべきものに保つのが「敬」の工夫である。朱子学は、「敬」を「主一無適《しゅいつむてき》」「惺《せい》惺厳粛《せいげんしゅく》」などと説くが、それは「心」をフラフラさせない、ボーッとさせないということである。そういう「敬」についても、沢庵は、

然れども仏法にては、敬の字の心は、至極の所にては無く候。我心をとられ、乱さぬようにとて、習い入る修行稽古の法にて候。此稽古、年月つもりぬれば、心を何方へ追放しやりても、自由なる位に行く事にて候。（『不動智神妙録《ふどうちしんみょうろく》』）

とする。儒教の「敬」は、まだ「修行稽古の法」であって、その先の「自由なる位」が肝心だとする沢庵は、その境位を、舞いや剣法などの身体的な技芸・所作に即して、

舞を舞えば〔中略〕未だ手足に心止らば、業は皆面白かるまじ。悉皆《しっかい》心を捨てきらずしてする所作は皆悪敷《あしく》候。（同）

というように捉えている。この「捨てき（る）」には、「念仏の行者は知恵をも愚癡《ぐち》をも捨、善悪の境界もすて、貴賤《きせん》高下の道理をもすて、又諸宗の悟をもすて、一切の事をすてて念仏申すこそ、弥陀超世の本願にかない候」（一遍《いっぺん》『消息法語』）と語られたような中世の仏教精神との深い連続を感じさせる。

沢庵は「自由」という言葉で禅の「無心無作」の境位を語っていたが、宮本武蔵《みやもとむさし》（一五八四〔天正十二〕年〜一六四五〔正保二〕年）の『五輪書《ごりんのしょ》』にも、同じ「自由」が見える。

道理を得ては道理をはなれ、兵法の道に、おのれと〔自然に〕自由ありて、おのれと奇特を得、時にあいてはひょうし〔拍子〕を知り、おのずから打ち、おのずからあたる、是みな空《くう》の道也。

『五輪書』は、「太刀の道を覚えて惣体《そうたい》自由になり」という一節の「自由」を、「やわらか」と読ませている。作為と無為、自己と他者、有と無、肯定と否定といった対立を離れて、それらを超えた実相としての「空」を体認した武道者の得た身心の「やわらか」な境地は、沢庵が、朱子学の目指す心のさらに上にあるとした心の「自由」と同じものである。

縛られない「心」

現実の「心」は、不自由で不確実である。自分でも、自分の「心」はままならない。それは、本来の自由で活発霊妙な「心」が、自分の中の何ものかによって縛られているからであろう。禅も儒教も、それを自力《じりき》の立場で突破しようとした。

「心」本来の姿は何か——この問いは、自分の外側の精神的・宗教的な権威に頼って、その権威に自分を投げ出すことで解決されるものではない。他力《たりき》の立場であれば、自己の無能無力を見つめて神や仏に頼ることもよいであろうが、禅も儒教もそうは考えない。自分の中の何ものか（自力）に目覚めることによって、自分の力で、「心」本来の姿を回復させようとする。禅なら、自ら悟るのであって、悟らせてもらうのではない。儒教なら、自ら学び修める。ここに共通の基盤があるから、はじめて両者の対抗は対抗として成り立ち、豊かな思想の実りを得た。

鈴木正三の教え

家康と秀忠に仕えて、関が原の戦いや大坂の陣にも加わった三河武士である鈴木正三《すずきしょうさん》（一五七九〔天正七〕年～一六五五〔明暦《めいれき》元〕年）は、一六二〇（元和六）年に出家をして山林修業に励んだ。後に、弟が天草の代官となったことが縁で、キリシタンの影響の残る天草地方で仏教の布教活動を行ったこともある。その正三は、禅の立場から「心」を論じて、

心に心を着《つけ》て、強守《つよくまもる》べし。「心こそ、心まどわす心なれ、心に心こころゆるすな」此歌尤《もっとも》至極《しごく》せり。心を恣《ほしいまま》にする時は、着相《ぢゃくそう》（執着）の念、増長して、三途《さんず》（地獄・餓鬼・畜生の三悪道）に落入《おちい》るなり。心を殺得《ころしう》る時は、直《じき》に仏果に到なり。（『万民徳用《ばんみんとくよう》』）

とし、またこうも言う。

夫《それ》生死輪廻の根本は、仮の此身《このみ》成事《なること》を忘て、有相《うそう》に執着する迷いの心より、貪瞋痴《どんじんち》

（むさぼり・怒り・無知）の三毒の心出来て、日夜、我を責る也。貪瞋痴わかれて八万四千の煩悩の病と成、是を無始《むし》輪廻の業《ごう》と云也。此心に離る事かたし。仏道修行と云は、心を以て心を責を本意とする也。（『二人比丘尼《ににんびくに》』）

心でもって「心を殺（す）」とは、いかにも武士的な強みを感じさせる言葉であるが、そういう武士の強みをもたない庶民はどうすればよいのだろうか。正三はまず、自分の身体への執着から離れよと諭す。「なんぞ此身に愛着せんや。目汁、鼻汁、大小便、五臓腸に至まで、一として清きことなし」として、正三はこの身を「糞袋《くそぶくろ》」「蠕袋《うじぶくろ》」と呼ぶ。その上で、農民であれば農作業で「身心を責」めることが「仏行」だと論じられる。

農業《のうごう》則《すなわち》仏行なり〔中略〕かならず成仏をとげんと思人は、身心を責て〔中略〕極寒極熱の辛苦の業《わざ》をなし、鋤鍬鎌《すきくわかま》を用得《もちいえ》て、煩悩の叢茂《くさむらしげき》此身心を敵となし、すきかえし、かり取と、心を着《つけ》てひた責《せめ》に責て耕作すべし。〔中略〕身心を責時は、此心に煩なし。（『万民徳用』）

職人や商人についても、同じように「家職」への専心が修行だとされる。「一切の所作、皆以《もって》世界のためとなる事を以しるべし」と言われる通り、農工商の労働を賤視したり、その間に上下貴賤を置こうとする発想はない。ただし正三が説くのは、労働の喜びではない。在家（世俗）の人々は、労働の場において身心を責めることで、はじめて「有相」への執着を離れることができるというのである。

形あるもの（有相）への執着から心を解き放つことができれば、どれほど良いだろう、どれほど穏やかであろう。執着の縛りに苦しむ者ほど、それを願う。しかしそれは、世俗生活の喜怒哀楽の中で一生を送る者には、届かない夢ではないのか――こう考える人々に向き合って正三は、修行の場は僧堂や山林だけではない、ただ「勇猛精進《ゆうみょうしょうじん》の信力《しんりき》」をもって進めと教えた。

中江藤樹と太虚皇上帝

中江藤樹《なかえとうじゅ》（一六〇八〔慶長十三〕年～一六四八〔慶安《けいあん》元〕年。郷士《ごうし》の子に生まれ、武士であった祖父の養子となって大洲《おおず》藩に仕えたが、一六三四〔寛永十一〕年に脱藩して帰農した）は、「心」の本源を求めるという関心を、儒教の側からもっとも鋭く問い詰めた。この時代、まだ「がくもんする人は、ぬるくて武用の役にたちがたかるべき」（『翁問答《おきなもんどう》』）というように、学問をすれば武士として惰弱になるとみなす気風が強かった。脱藩という形で藤樹が武士社会から離れたのも、こうした気風との葛藤があってのことかもしれない。

藤樹は、「親と子と一倫なり、君と臣下と一倫なり、夫と妻と一倫なり、兄と弟と一倫なり、ともだちのまじわり一倫なり、これを五倫という。〔中略〕世間に五倫にもれたる人間は、一人もなきものなり」と論じることで、世俗的な人間関係を「夢幻」と捉える仏教の立場を斥けて、さらに、「人間千々《ちぢ》よろずのまよい、みな私《わたくし》よりおこれり、私は、我身をわが物と思うよりおこれり、孝はその私をやぶりすつる主人公」と述べた。ここでの「私」は、自己中心性（エゴイズム）である。藤樹が問題とするのは、現実の「心」に潜む自己中心性の克服であって、ここで藤樹は、常識的で自明平易な道徳とされる「孝」を大胆に再解釈する。

自分の生命の由来は父母であるから、「父母の恩徳」を思うことが大切である。その父母への愛情が「孝」である。しかし藤樹は、生命の由来を、父母から祖父母、曾祖父母、というように遡《さかのぼ》らせて、大いなる根源にまで行き着く。その大いなる生命の根源を、藤樹は「太《たい》虚皇上帝《きよこうじようてい》」と名付けた。あらゆる生命はこの「太虚皇上帝」の子であって、「孝」は、この「太虚皇上帝」への恭順まで進まなければならない。

　人間の生出《うまれいずる》こと、父母のわざのごとくなれども、父母のわざになることにあらず。太虚皇上帝の命《めい》をうけて、天神地祇《ちぎ》の化育《かいく》したまうところなり。〔中略〕我人《われひと》の大始祖《たいしそ》の皇上帝、大父母の天神地祇の命《みことのり》をおそれうやまい、其神道を欽崇して受用するを孝行と名づけ、又至徳要道《しとくようどう》と名づけ、また儒道と名づく。

「神道」は、神秘的で霊妙な道という意味で、日本のカミ信仰ではない。宇宙の全生命の根

源に繫がるものとしての自己を見失わないこと、これなしに「心」の本源に至ることはできない。言葉を変えてまた、

天は太虚の主宰を指す。所謂《いわゆる》皇上帝是なり。（『中庸解《ちゅうようかい》』）

とも言われるように、それは「太虚」（宇宙的な生命）の主宰性を人格的に捉えることでもあった。

藤樹の本領は、宇宙的な生命と自己が一体であることを「孝」において直感するところにあったが、そこから、人間としての生き方や社会の規範には不変の形が定まっているのではなく、宇宙大の生命を、時代や状況の中で生かすことが大切だという思想が生まれた。「心《しん》迹《せき》（本質と形式）の差別」や「時処位《じしょい》の至善」という表現で藤樹はそれを言う。

よき法度《はっと》は活法《かっぽう》とて、事をさして（これといって）さだめぬものにて候。一偏《いっぺん》にさだまりたるをば死法《しほう》といいて、用にたたぬものなり。法度にも心迹の差別あり。〔中略〕時と所と位と三才相応の至善をよく分別して、万古不易の中庸をおこなうを眼《まなこ》とす。（『翁問答』）

日本の地で儒者として生きようとする時、中国の歴史や風土に根ざした個別的な規範にどう対処すべきかという問題に悩むことになるが（幕末まで日本の儒者を悩ませたのは、寺檀制のもとで、儒教の説く喪祭の礼をどう実践すべきかという問題だった）、藤樹は、「心」の立場か

ら一つの方向を示したのである。

山崎闇斎の禅学批判

山崎闇斎（一六一八〔元和四〕年〜一六八二〔天和二〕年。浪人で鍼医《はりい》の子として京都に生まれた）は、動静を貫く「心」本来の姿を、もっぱら「敬」の工夫によって明らかにすることで、禅の「無心」や「自由」を乗り越えようとした。

闇斎は、『四書集註《ししよしつちゆう》』（四つの古典、『大学』『中庸』『論語』『孟子』の朱子による注釈書。朱子学の中核をなす）はもちろん、朱子の『語類』（主題別に集成された学談）や『文集』を精読することで、朱子の定論（真意）を明らかにしようとした。後の時代の二次的な朱子学文献（いわば解説書）を斥けて、朱子の言葉に即して朱子の求めたものを求めるという姿勢は徹底し、闇斎の登場によって日本の朱子学の水準は、はるかに高いものとなった（闇斎という号の「闇」は、晦庵《かいあん》という朱子の号にならっている。儒教の古典の第一である『易経』に典拠をもつが、「晦」は心の最深部を指し、そこがしっかりと定まってこそ、外に輝くものが現れるという意味を担っている。この「晦」を踏まえての「闇」で、こういう逸話からも闇斎の朱子への傾倒ぶりが窺える）。

同時に闇斎の徹底は、ある種の偏狭さとも受け取られ、朱子学から離れた素行が、「敬」

山崎闇斎
（『先哲像伝』より）

の偏重は「謹厚沈黙迫塞《はくそく》狭浅」（人間としての狭量）をもたらし、「ただ敬のみを言えば、乃《すなわ》ちその心逼塞《ひっそく》にして通ぜざるのみ」（『聖教要録』）と早くから批判したように、伸び伸びとした人格的なおおらかさを失わせ、ついには人間関係をぎすぎすした攻撃的なものにさせてしまうという非難が寄せられるようになる。

それはともかく、闇斎は、

　敬と云えるは何の子細も無く、此心《この》をうかうかと放ちやらず、平生吃《きっ》と照しつめるを敬と云ぞ。〔中略〕只《ただ》此心をはっきりと呼《よび》さまして、此の間一物もなく、活発発地《かっぱつぱっち》の当体なり。（「敬斎箴《けいさいしん》講義」）

というように、「敬」による「心」の覚醒《かくせい》が、「活発発地」、生き生きとした「心」のありようをもたらすと信じた。では闇斎は、かつて自らも学んだ禅による「心」の理解のどこに欠落を見たのだろうか。

　人の一身に五倫備わる。身に主たる者は心なり。このゆえに心敬すれば、則ち一身修まりて五倫明らかなり。（「敬斎箴序」）

「五倫」は、父子・君臣・夫婦・兄弟・朋友という五つの人間関係で、儒教は伝統的にこれによって、個我ではない社会的な存在としての人間をイメージする。闇斎はそれを、「人の一身に五倫備わる」と端的に言った。「一身」は、振る舞い、行動と読んでよい。私たちが何か行動するのは、必ず人間関係の網の目の中で、ある役割を担ってのことである。私がいて役割を担うのではなく、時と場合に応じた役割の総体が私だと言ってもよい。

儒者の工夫は心身相共に全く養い持て、日用人事を外にせざることを旨とせり。此の心有れば、此の身の動有り、身の動有りとは、即ち事なり。此の三のものは須臾《しゅゆ》も（少しも）不相離《あいはなれず》、処に付て有もの也。（「敬斎箴講義」）

「心」の工夫が必要なのは、「身」（振る舞い）を修めるためであり、「身」が修まるとは、「事」に適切に対処できるということである。「事」とは「日用人事」、つまり日常的・社会的な生活そのものである。世俗生活の外でまず自己の「心」を確立させて、それから世俗に降りてくるのではない。

闇斎によれば、人間のありようを個我として捉えることが、すでに誤りである。禅は「心」の把握については深いが、遺憾なことに社会的な広がりがもてないというのではない。禅の捉える「心」の様態は、人間は社会的（人倫的）な存在としてはじめて人間であるという事実を見失ったその出発からして誤っている、闇斎はこう言いたいのだろう。そして闇斎は、儒教の内部にも「心」の捉え方を誤ったばかりに、禅に足元を掬《すく》われてしまった潮流が生まれたということで、陽明学をも徹底して批判していった。

藤樹と闇斎が追求したもの

藤樹と闇斎の思想は、対極的でもあり、別な意味ではよく似ている。

三十歳の闇斎は、一六四七〔正保四〕年、『闢異《へきい》』を著して朱子学を正統とする自己の立場を明らかにした。「闢」は斥ける、「異」は異端としての禅、禅に侵された陽明学も「異」に含まれる。一方、藤樹の主著とされる『翁問答』は三十歳代前半の作品であるが、三十七歳の時に王陽明（一四七二～一五二八年）の全集を得て、藤樹にとってまさに思想的に大きな飛躍がなされようとしながら、それを果たせずに持病（喘息《ぜんそく》）のために四十一歳の若さで没したのは、闇斎が『闢異』を著した翌年であった。

藤樹は道半ばとはいえ、明代の思想動向（陽明学を主軸とする心学）から存分のものを受け取り、独自の深みを湛えた宗教哲学を作りつつあった。一方の闇斎は、明代の悪しき影響を洗い流して、朱子その人の思想を明らかにすることを自分の使命と考えた。明代の悪しき影響というのは、禅にかぶれた陽明学、科挙体制に守られて思想としての深みを失った官製朱子学の二つである。朱子に帰れ――その自覚の先駆者として、闇斎は、朝鮮王朝の大儒である李退渓（一五〇一～一五七〇年）を尊敬したが、師とすべきは朱子一人である。

こう並べるなら、二人はまさに対極的だと言えるだろう。しかし次の世代の儒者と比べるなら、その内省的な傾向において藤樹と闇斎は共に群を抜いている。それはまた、儒教の言葉で語られた、自己超越という問題探求の深さでもある。

儒教は、キリスト教の「愛」や仏教の「慈悲」と違って、愛情の発現を差等《さとう》において捉える。自分にとっての父（両親）はそれだけで特別の存在であるから、愛情（孝）はまずそこに向けられて、またもっとも濃密である。それは父の父へというように遡及《そきゅう》して、祖先への報恩感謝に連続し、その気持ちは祖先祭祀《さいし》という形となって現れる。祖先祭祀の後継者（男系の子孫）を作ることも「孝」の不可欠の側面となる。

「孝」だけではなく、儒教の説く人間の繫がりは基本的に差等愛に基づくものであって、愛情に差等があるのが人間の自然（当然）の姿であり、無差別平等な愛情などは人間本来の自然に反したものだと儒教は考える。差等愛が起点となり、それが無限に拡大して、愛の広がりが獲得されるのが儒教の理想である。その極点を、朱子学や陽明学は「万物一体の仁」（あらゆる生命体を自己一身と繫がったものとする同胞的共感）などと呼んだ。

藤樹の「孝」も、この基本線を出ない。ただ、そこに内包されている思想的な可能性が、たじろぐことなく突き詰められた。自己の生命が、今ここにあることへの驚きと感謝、これ

を遡及させて、宇宙の根源的な生命（太虚皇上帝）に辿り着き、そこから自己を見つめる。そしてそれは、

太虚の皇上帝は、人倫の太祖にてまします。此神理《しんり》にて観《みれ》ば、聖人も賢人も釈迦も達磨《だるま》も儒者も仏者も我も人も、世界のうちにあるとあらゆるほどの人の形有ものは、皆皇上帝天神地祇の子孫なり。（『翁問答』）

とされるまでに至る。自己の生命と他者のそれは、最初は切れたものとして捉えられるが、自己の生命の根源に遡及・到達し、そこから捉え返せば、他者の生命もまた同じ根源に由来するもので、いわば太虚皇上帝の同じ「子孫」だということが了解される。差等の愛としての「孝」は、それを突き詰めることで、差等を超えていく。

その上で「人間千々よろずのまよい、みな私よりおこれり、私は、我身をわが物と思うよりおこれり、孝はその私をやぶりすつる主人公」という一節に帰れば、あらゆる人々が同胞だという宗教的な自覚に立ってこそ、自己の「まよい」「私」からの解放（自己超越）があることを藤樹は言おうとしている。世俗外での禅の悟りは、こうして世俗内の禁欲的な自己超越に取って代わられた。

仏教は、時間を循環するものと考えるから、天地の始まりに興味をもたない。儒教も、文明世界の成立以後に関心を集中させるから、神話は論じない。それに対して「古《いにしえ》に天地《あめつち》未だ

剖《わか》れず、陰陽《めお》分れざりしとき、混沌《まろか》れたること鶏子《とりのこ》の如くして、溟涬《ほのか》にして牙《きざし》を含めり」で始まる『日本書紀』を正史の第一とする日本の伝統は、常に天地の始源を問題にしてきた。中世においても『日本書紀』神代巻は、密教、『易経』の思想、陰陽道《おんみょうどう》、老荘思想などを取り込んで、自由奔放に読み解かれていた。闇斎は、このような中世世界で生まれた伊勢《いせ》神道から大きな示唆を得て、天地の始源との合一に、本来のあるべき自己の回復を読み込んだ。

伊勢神道の理論書である『類聚神祇本源《るいじゅうじんぎほんげん》』（度会家行《わたらいいえゆき》著、一三二〇〔元応《げんおう》二〕年成立）は、神道の「旨帰《しき》」（極意）として、「志す所は機前《きぜん》を以て法と為し、行う所は清浄を以て先と為すなり」とした。「機前」とは、ある形をもって物事が動き出すその前を言う。例えば、弓から矢が放たれる直前の、力を湛えた弓の弦が満々と張られた静かな一瞬がそれである。朱子学で言えば、「未発」にあたる。そして、それが行為として現れた次元（朱子学の「已発」）では、神道がもっとも重んじる身心の清浄が説かれる。さらに『類聚神祇本源』は、神に仕える者の心得として、「心神（心の霊妙）を傷《やぶ》ること」を警戒し、その心構えを「混沌の始を守る」という表現で説く。闇斎は、これを受けながら、

今日のなりが混沌なり、開闢《かいびゃく》なり、天地の始は、今日を以て始とすと云ことがある。
（「垂加神道初重伝《すいかしんとうしょじゅうでん》」）

と議論を進めた。「天地の始は、今日を以て始とす」とは北畠親房《きたばたけちかふさ》の『神皇正統記《じんのうしょうとうき》』の言葉

であるが（遡れば『荀子《じゅんし》』）、闇斎はそれを政治哲学としてではなく、より実存的に捉えている。時間軸の遠い彼方に自分と関係ないものとして始源を置くのではなく、心の「今日のなり」に、神代巻にある「混沌」を見据えなければならない。

その「混沌」は、闇斎によれば、どこへいくか定まらない未分化な曖昧《あいまい》さというような意味ではなく、いまだ物としての形をとらないうちから物を物たらしめる存在の根拠としての混沌であり、人はそれを尊厳な慎みをもって守らねばならない。心（自己）の一瞬一瞬の今に、天地を天地たらしめる始源の慎み（敬）を守ることが、現実の自己において自己を超えることである。そして晩年の闇斎は、密《ひそ》かに自らの心に宿る「心神《しんしん》」（あえて言えば、自己を超える自己）を祀ることで、それを果たそうとしていたらしい。

経世論の創始者、熊沢蕃山

藤樹に学んだ熊沢蕃山《くまざわばんざん》（一六一九〔元和五〕年〜一六九一〔元禄四〕年。浪人の子。岡山藩の池田光政《いけだみつまさ》に仕えた）は、「心法《しんぽう》」を根底に据えて大胆な経世論を唱えた。蕃山も、武士は何をもって「天職」とするのかと問うて、「人を愛する也。民は五穀を作りて人を養う。婦女は衣《きぬ》をおりて人に着せしむ。士はすることとなし。人を愛せずば、済《すく》うことなし」と論じて、天下の「警固」を含めた仁政の実現に、武士の「天職」を求めた（『集義和書《しゅうぎわしょ》』）。その具体策の展開が、蕃山の経世論となる。

経世論とは「経世済民」、世を経《おさ》め民を済《すく》うための統治論で、ある体系をもって経世論が展開されるのは蕃山からである。仏教には、まとまった政治・経済・社会論を提供しようという志向がないし、蕃山以前の儒教にもその準備はなかった。この時期、池田光政をはじめ、会津の保科正之、水戸の徳川光圀《みつくに》といったいわゆる名君（啓蒙《けいもう》的専制君主）が、藩政確立のための強固な理論を求めたことも経世論の展開を促した。

蕃山は、

心法・治道ともに無欲より先なるはなし。無欲なるときは心静にして霊明生ず。仁義礼知信の性、自然に照すものなり。此心法を知て用る人はすくなし。

と述べて、「心」としてのあるべき究極の姿（「無欲」）に到達して、そこに立脚して社会の問題を考えなければ、小手先の功利主義に堕すると言う。蕃山の基本的な関心は、現実の日本で礼楽《れいがく》（儀礼と式楽。儒教は秩序の本質を文化的なものとして捉える）がいかにあるべきかという点にあったが、背後にある問題意識はユニークである。

昔、尭舜《ぎょうしゅん》の民は、いまだ三百の礼儀を見ず、三千の威儀を行わずといえども、渾然《こんぜん》として礼儀の本全し。〔中略〕周の礼儀備りし時の士民よく及ぶことあたわず。〔中略〕時、文明に、徳、衰えたれば、やむことを得ざるの義なり。（同）

社会が「文明」に進むほどに人々の「徳」は衰え、礼楽が整えられるほどに「礼儀の本」は薄くなってしまう、それはなぜなのか。蕃山の答えは、周《しゅう》代以降の礼楽の担い手が、自らの心の中の欲望を放置したままに礼楽をいじるから、制度が繁縟《はんじょく》になるほど、人々の欲望を煽《あお》ってしまうということであった。「文明」化が止められないとすれば、望むべきは、権威への欲望や自己顕示欲、世俗の利害得失から自由な英雄が、普遍の道徳（道）を時代に適った形に表現した礼楽を定めることである。それを蕃山は、藤樹の発想を継いで、「時処位」や「人情事（時）変」「水土《すいど》」に適った礼（法）として捉える。

道と法とは別なるものにて候〔中略〕道は三綱五常《さんこうごじょう》是なり。天地人に配し、五行《ごぎょう》に配す。〔中略〕法は聖人、時・処・位に応じて、事の宜《よろし》きを制作したまえり。（同）

人情や事変に自在に応じるためには、何者にも縛られない心で問題に対処しなければならないと蕃山は言う。禅から独立した儒教は、禅の捉える「心」を乗り超える内省の深みを獲得しながら、同時に社会に働きかける「心」の思想をこうして切り開いていった。

第4章　仁斎と徂徠①——方法の自覚

伊藤仁斎《いとうじんさい》と荻生徂徠は、東アジアの思想世界に屹立《きつりつ》していた朱子学を批判して、独創的な思想体系を築いた儒者として有名で、同時代の中国や朝鮮にもその文名は知られていた。かつて二十歳代の丸山真男（一九一四〔大正三〕年〜一九九六〔平成八〕年。日本政治思想史家・政治学者。戦後民主主義の理論的な指導者でもあった）は、仁斎を受けて徂徠によって徹底的になされた朱子学批判を、支配的・封建的な思惟《しい》様式の中から、日本における近代的な思惟様式が誕生する瞬間として捉えた（『日本政治思想史研究』東京大学出版会、一九五二年）。

しかし私は、仁斎と徂徠が、古典にどう向き合ったのかというところから出発しようと思う。古典に向き合うとはどういうことか、その方法の自覚がなされた点に、まず二人の偉大さを見たいからである。

朱子学の構造

方法の自覚は、古典それ自体の発見でもある。江戸期の儒教において、古典は、朱子の注解を手掛かりとして読むべきものであった。なぜなら、古典の正しい意味を、老荘や仏教が思想世界を支配していた長い断絶の時代の後に初めて明らかにしたのが、北宋《ほくそう》の先人たち（周濂渓《しゅうれんけい》・張横渠《ちょうおうきょ》・程明道《ていめいどう》・程伊川《ていいせん》ら）の業績を継いでそれらを集大成した朱子（南宋の人。一一三〇〜一二〇〇年）だとされたからである。『大学章句』『中庸章句』『論語集註』『孟子集註』という朱子の手になる注釈（『四書集註』）は、こうして古典の読み方を指示するものであった。江戸の儒者たちは、堅牢《けんろう》な『四書集註』の漢文をなんとか深く理解しようと努力を重ねたのである。

例を挙げれば、『論語』の中で「仁」とは何かと問われた孔子は、「克己復礼」（己《おの》れに克《か》ちて礼に復《かえ》る）が「仁」だと答えている。しかしこれは、謎《なぞ》のような（詩のような）答えであって、その意味は、どれほど『論語』の本文を睨《にら》んでいても分からないと言わざるをえない。そこで、『論語』の正しい意味を開示しているはずの朱子の『論語集註』を手元に置いて、「克」は打ち勝つこと、「己」は私的な欲望、「復」は立ち戻ること、「礼」は古典に典拠をもち、直ちにそれが天理の表現とも了解されてきた社会規範というように、孔子の言葉に、朱子の指示する意味をかぶせていく。そして、人間にはなぜ私的な欲望が生まれるのか、「礼」が単なる形式的な規則ではなく、自分の中の理性（道徳性）とどのように結びついているのか、というように順を追って問題を考えていく。なぜそう考えるのかといえば、朱子の注釈が、必然的にそう考えさせるようにできているからである。そういう回路の中で孔子の言葉を考え、孔子の真意に迫ることが、古典を読むということだった。『論語』の一節を例に引いたが、朱子学の定めたテキスト（四書がその中心である）のすべてについて、同じことが言える。

仁斎と古典

伊藤仁斎（一六二七〔寛永四〕年～一七〇五〔宝永《ほうえい》二〕年）は、京都の上層町人の子に生まれた。母は、高名な連歌師である里村紹巴《さとむらじょうは》の孫娘であり、母方の親戚は角倉《すみのくら》家に連なっている。周囲の人々は、商家の子（跡取り）としての仁斎に、教養の一環としての学問を勧めたが、学問に専心することには強く反対した。仁斎を愛する人ほど、その将来を思って、学問への傾倒をやめさせようとした。

『大学章句』を読んだ時の感動のまま、それを振り切って進んだ仁斎は、はじめ熱心な朱子学の徒であった。二十歳代には、「明鏡止水」と言われるような「未発」の心のありよう

（「未発の中《ちゅう》」という。特定の対象に向けて感情として発動する以前の、心の静的な相は完全円満なものとされ、ここに立ち戻ることを朱子学では力説する）を真剣に求めるあまり、精神的に極度に追いつめられ、あらゆる事物の現実感を喪失して、一人の友人を残して、他のすべての周囲との交わりを絶つという状態が続いた。

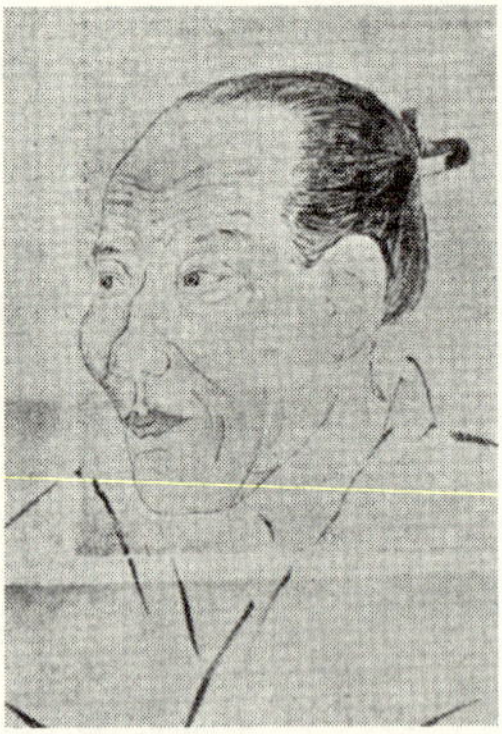

伊藤仁斎

この苦悶《くもん》から脱するのは、ようやく三十六歳になる頃だったとされる。仁斎は京都の町中に塾を開き、同志会《どうしかい》という名の研究会を主宰する。同志会では、古典の一節をあらかじめ定め、担当者がその解釈を提示し、参加者が討論するというゼミナール形式で互いに学び合った。同志会の名が示すように、教師が一方的に教えるということではない。その研鑽《けんさん》の中で仁斎は、朱子の与えた枠組みでは、孔子や孟子の言葉が生きてこないという思いを強め、朱子による古典の理解が誤りであることを主張していく。孔子や孟子が説いているのは、朱子が再構成してみせたような思弁的・抽象的な体系ではなく、より平易で卑近な、日常生活に即した教えであると仁斎は考えた。

『論語』や『孟子』を、朱子の枠組みから離れて、その本文に即して理解する——ここから仁斎の営々とした努力が始まる。そうして明らかにされた『論語』や『孟子』の意味は、仁斎によって『論語古義』『孟子古義』という注釈書としてまとめられた（それを完成させて公刊したのは、嗣子である東涯《とうがい》である）。「古義」という書名には、朱子によって歪曲《わいきょく》されてしまった本来の意味を再び明らかにしたという自負が込められている。考えてみれば、朱子もまた同じように、老荘や仏教のような異端思想によって真意が隠されてしまった古典の意味を、長い断絶（「千載不伝《せんざいふでん》」という語が『中庸章句』序に見える）の後に再び明らかにしたと宣言した。仁斎も、朱子を頂点とする長い歪曲の歴史から、初めて古典の真意（古義）を救い出したと確信した。後の徂徠もまた、これまでの読みの誤りを初めて自分が正しえたとする。思想史は、ある時期までは、古典の再解釈の歴史、再解釈の闘争であった（日本の古典に舞台を移して、宣長や篤胤も同じことをする）。それは、思想の対立を支える共通の古典があったということでもある。

ともあれ、東アジアの思想世界（科挙社会であれば、それは秩序そのもの）を支えていた朱子の『論語』『孟子』解釈を逐条、しかも根本から批判した作品が、中国や朝鮮に先んじて初めて現れた。それが京都の上層町人社会の中から生まれたのは、中世後期から近世初頭の公家・上層町人・文化人たちが築いた伝統、かつての町衆の担った都市の力が見えないところで与《あずか》ってのことと思われる。

まず「血脈」を理解せよ

仁斎は『語孟字義《ごもうじぎ》』という書物で、「天道」「天命」「道」「理」「徳」というように、『論語』と『孟子』の重要語句の解説をしている。『語孟字義』は、朱子学の立場からする基本語彙《ごい》集である『性理字義《せいりじぎ》』に対抗して書かれた一種の哲学小辞典である。その「学」の項目で、聖賢の書の「意味」「血脈」を知るべきことを論じて、仁斎はこう述べている。

学問の法、予岐《わか》って二とす。曰く血脈、曰く意味。血脈とは、聖賢道統《せいけんどうとう》の旨《むね》を謂《い》う。孟子の所謂《いわゆる》仁義の説の若《ごと》き、是なり。意味とは、すなわち聖賢書中の意味、是なり。蓋《けだ》し意味は本《もと》血脈の中より来る。故に学者当《まさ》に先ず血脈を理会《りかい》すべし。

これだけでは分かりづらいが、「血脈」は、思想の内容的な骨格、「意味」は、書物の特定の箇所での（前後の文章に即した）意味内容ということである。ここでも『論語』から例を引けば、「朝聞道、夕死可矣」（「朝《あした》に道を聞かば、夕《ゆうべ》に死すとも可なり」）という孔子の言葉がある。その「道」とは何のことか、それは『論語』や『孟子』の本文を何度も精読する中で、体験的・直感的に摑《つか》まえるべきものである。そうして把握された「道」は、『論語』や『孟子』を主題として貫いていて、その「道」についての大筋の理解が得られて、初めて『論語』や『孟子』の一つひとつの本文を読むことが可能となる。個々の本文の理解がバラバラになされて、その集積・帰納によって「道」が分かるということではない。

先後《せんご》を論ずるときは、すなわち血脈を先とし、難易を論ずるときは、すなわち意味を難《かた》しとす。

本文の精読によって直感的につかまれる「血脈」に導かれて、さらに本文の一つひとつ、語句のそれぞれの「意味」に帰っていく。一般的な語義ではなくこの文脈で指示されている意味内容としてはどうか、なぜこの語句で表現されなければならないのか、というように本文の精密な検討がなされていく。その検討によって、「血脈」の理解に修正が加えられることも当然ありうるだろう。古典を読むということは、その繰り返しなのだ。

朱子学を全否定

朱子の古典学の核は『四書集註』であり、その揺るぎない体系が東アジアの思想世界を主導したが、仁斎による「古義」の発見は、その全批判である。

まず『大学』は、朱子によれば「初学入徳《にっとく》の門」（聖賢の道を学ぼうとする者が、まず学問のスケールを捉えるべき書）であって、そこでは「明明徳」（明徳を明らかにする。天から万人＝自己の心の中に賦与された霊妙な徳を自覚すること）、「新民」（民を新たにする。明らかにしえた明徳を周囲に及ぼして人々の自己革新を促すこと）、「止至善」（至善に止まる。明明徳・新民の実践をやり通すこと）が「三綱領」として掲げられる。

聖賢の道を学ぶとはどういうことなのか、それが『大学』の学習によって了解されるが、そこでは、功利的な学習は当然のこととして否定されるし、知識の獲得が自己目的であってはならず、周囲への働きかけのない修養も自己中心的なものとして否定される。さらに、あるべき学問の階梯《かいてい》が「八条目」として定式化される。まず「格物《かくぶつ》」（具体的な事物の理を一つひとつ探求する）、そして「致知《ちち》」（知識を蓄積する）、さらに「誠意」（心の発動を純粋にする）、「正心《せいしん》」（心のすべての働きを正しく保つ）、「修身」（振る舞いを正す）、「斉家《せいか》」（家族・宗族を徳化して家を整える）、「治国《ちこく》」（徳化を国中に広める）、「平天下《へいてんか》」（徳化を全人類に及ぼす）へと進んでいく。これが、士（士大夫）の学ぶべき学問の全体像である。若い仁斎が学問に志したのは、この高邁《こうまい》な理想主義に感動したからだった。

しかし今や仁斎は、これを全否定する。そもそも孔子や孟子の言葉のどこに、このような「明徳」や「格物」の語があるというのか。整然として隙がないかに見えるこのような遠大な議論が、どこにあるというのか。さらに、朱子によれば「道学」の衰微を嘆いた子思《しし》（孔子の孫）が「孔門伝授の心法」（『中庸章句』冒頭に掲げられた程伊川の言葉）を明らかにした書物だとされる『中庸』について、仁斎は後代の文献からの混入があるとして、それらの部分を取り除くことを主張した。混入を嗅《か》ぎ分けられるのは、孔子から孟子への「血脈」を理解しえたからだ、仁斎はあえてこう言うであろう。具体的に見れば、『中庸』が説く心の静的な本体（「未発の中」）についての議論が、孔子や孟子にはないこと、孔子や孟子は、むしろ生き生きとした心の働きをこそ説いているではないか。また、鬼神（神霊）の徳を仰ぐような議論も同じであって、孔子は鬼神を「敬して遠ざく」（『論語』）としたはずだし、『孟子』には鬼神への言及さえないと仁斎は述べている。

こうして仁斎は、『論語』と『孟子』を掲げて、その本文を熟読することで孔子・孟子の「血脈」を捉えようとする。『論語』は「最上至極宇宙第一の書」であり、『孟子』は「論語の津筏《しんばつ》（手引き）」である（『童子問《どうじもん》』）。なぜ『論語』と『孟子』かといえば、そこで説かれるのが深遠玄妙な議論ではなく、いかにも日常卑近の「平淡」「平易」「親切（身近で切実）」な主張であって、実はそこにこそ人生の真実があると仁斎は信じるからである。仁斎によれば、仏教（禅）に対抗すべき深遠な枠組みを構築して、そこから無理に『論語』や『孟子』を再解釈しようという試みが朱子学であって、それは『論語』や『孟子』の意義を殺してしまうものでしかない。

徂徠による訓読批判

荻生徂徠（一六六六〔寛文六〕年～一七二八〔享保十三〕年）は、後に将軍となる綱吉の侍

荻生徂徠
（『先哲像伝』より）

医を父として、江戸に生まれた。先祖は三河の城持ちの武士であり、古代の豪族で武臣として聞こえた物部《もののべ》氏を祖とするという（字《あざな》の茂卿《もけい》と合わせて「物茂卿《ぶつもけい》」と名乗るのは、物部を中国風に一字にしてのことである）。父が綱吉の怒りをかい、一家は徂徠十四歳の時、江戸払いとなって上総《かずさ》の地に遁《のが》れた。許されて江戸に戻ったのは、二十五歳（二十七歳とも）の時とされる。

仁斎の思想が、若い日の長い精神的苦悶なしには成立しなかったと同じく、徂徠の上総体験も、その思想を形成するバネとなった。徂徠自身が、上総体験なしには自分は単なる秀才で終わっていただろうと述べている。

江戸に帰った徂徠は、まず〈漢文が読める〉とはどういうことかを論じて注目を受ける。それまで誰も疑うことのなかった伝統的な漢文訓読法について、それで外国語としての中国文（漢文）を読めているのか、正しく内容を理解できるのかと徂徠は問う。多くの学者、とくに若い世代にとっては、この問いかけ自体が目の醒《さ》めるような驚きであった。

こういう問題関心は、同訓異義語字典と言うべき『訳文筌蹄《やくぶんせんてい》』の自序に明らかにされていて、徂徠は、まず中国語と日本語が別個の言語体系であって、「和訓廻環《わくんかいかん》の読《よみ》」（訓読）は、二つの言語の差異を無視するものだと論じた。漢文は、「従頭直下《じゅうとうちょっか》」に音読するのが望ましい。徂徠自身は、柳沢吉保《やなぎさわよしやす》に家臣として仕えてすぐに初級の中国語（唐話。長崎の唐通詞《とうつうじ》や黄檗《おうばく》僧との交流を介した唐話サークルがあった）を学習しているが、中国語としてそれを読めばよいのかといえば、単純にそうともいえない。古代の文語文（漢文）を読む時に、現代の中国語で済むものではないからである（日本語の簡単な会話のできる外国人が、直ちに『古今和歌集』を理解できるものではないように）。徂徠の結論は、中国語の文法、初級の会話に通じた上で、漢文を「訳」すことである。

予嘗《かつ》て蒙生《もうせい》（初学者）のために学問の法を定む。先《ま》ず崎陽《きよう》の学（初級中国語）を為し、教うるに俗語を以てし、誦《しょう》するに華音を以てし、訳するに此の方の俚語《りご》を以てす。絶えて和訓廻環の読を作《な》さず。

そもそも訓読は、必要以上に重苦しい語感を与えてしまう。平明な日本語、人情に近い適切な日本語で「訳」せることが、本当に〈漢文が読める〉ことだと徂徠は言う。

古文辞学

こうしてまず言語の問題から入った徂徠は、明代の擬古主義的な文学運動が掲げた古文辞学の主張に学びながら、「道」とは何かという大きな問題に向かう方法として、古文辞学を鍛え上げた。その達成は、『学則《がくそく》』に要約されている。

東海、聖人を出《いだ》さず、西海、聖人を出さず。これただ詩書礼楽の、教えたるなり。

この印象的な一文から、『学則』は始まる。学ぶべき〈文明〉の形は、歴史的に一回だけ、古代の中国に生まれた。それを今日に伝えるのは、古いその時代の『詩』（歌謡集）と『書』（政勅集）と礼楽（儀礼と式楽、それらを断片的に記載する文献）だけである。

宇はなお宙のごときなり。宙はなお宇のごときなり。故に今言《きんげん》を以て古言を視《み》、古言を以て今言を視れば、これを均《ひと》しくするに侏𠌯鴃舌《しゆりげきぜつ》なるかな。〔中略〕世は言を載せて以て遷《うつ》り、言は道を載せて以て遷る。道の明らかならざるは、職《しよく》として（もっぱら）これにこれ由《よ》る。〔中略〕千歳逝《ゆ》きぬ。俗移り物亡ぶ。

「宇」（空間）の隔たりと「宙」（時間）のそれとは、並行である。日本人は、空間として中国から遠く隔てられているだけではない。同じ中国の言語であっても、「古言」と「今言」とでは、時代とともに、まったく異なった言語といってもよいくらいに変化してしまっているから、たとえ現代中国語に通じたとしても古代の言語世界からは遠く隔てられている。「侏𠌯鴃舌」は、野蛮人の話し声とモズの鳴き声、要するにチンプンカンプンということ。

徂徠の論は、ここから急展開する。江戸の日本人が「道」を知ろうとすれば、文献つまりは言語に拠らなければならないが、空間の隔たりもさることながら、時代とともに言語が変化してしまっている以上、どうにも手掛かりがないのではないか、こう徂徠は問いかける。古代中国の「俗」（風俗）も「物」（文物）も、もう亡んでしまっている。

徂徠は、「道」を普遍的な道徳律とは考えない。普遍的な道徳律であれば、時空の隔たりにかかわらず、『論語』を正しく読むことで孔子の道を体得することができる。徂徠は、学ぶべき〈文明〉の形こそが「道」であって、それへの接近は「六経《りくけい》」（易・書・詩・礼・春秋という古代の文献。楽のテキストは亡んでしまった）として残された言語を通じてのみ可能だと考えるから、言語の時間的・空間的な隔たりは、徂徠をして、そもそも自分たちは「道」に接近できないのではないかという問題に直面させる。誰一人として直面したことのないこういう問題にぶつかって、徂徠は考える。

然りといえども、不朽なる者は文にして、その書具《つぶさ》に存す。かの世のいまだ言を載せて以て遷らざるに方《あた》りてや、管《かん》・晏《あん》・老《ろう》・列《れつ》もまた類なり。何ぞその道の同じからざるを悪《にく》まんや。これを道に求めずして、これを辞に求む。

「言」は変わってしまったが、しかし古い「文」（テキスト）は「六経」以外にも残っている。『管子』『晏子春秋』『老子』『列子』といった先秦《せんしん》（統一帝国以前の古い中国）の書物は、確かに孔子が伝えようとした「道」からは外れるが、そのことで無視してしまうのではなく、その「辞」（古代の風雅を伝える言辞）、つまり文章・用語・語感を学ぶ材料として活用できるのではないか。

こうして徂徠は、思想的には異端とされるものも含めて、残された古代中国の文章を可能な限り集めて、その文辞に習熟すべきこと、それ以外に「道」に接近する方法はないとする。後世の言語世界から離れて、古代の「辞」にどっぷりと身を浸すことで、その「辞」の世界に通じるようになれば、時空を超えて「六経」を明らかにする可能性は開けてくるだろう。

第5章　仁斎と徂徠②——他者の発見、社会の構想

こうした方法的な自覚に立って、仁斎や徂徠は、何を思想的な課題としたのか。仁斎ならそれは、若い日の苦悶の意味を問い直しながら、自己と他者の繋がりとは何かという問題であった。存在や規範の究極の根拠を求めることが、他者を拒み自己を追いつめて救いのない世界に入り込んでしまうような、そういうものではない自己と他者の繋がりの可能性を、『論語』と『孟子』を読むことで仁斎は探求する。

徂徠もまた、若い日の上総体験の意味を考え続けたのではないだろうか。大都市江戸の繁栄と膨張を外側から見た徂徠は、すべての存在に意味を与えながらそれを包摂する、あるべき〈文明〉の形（古代中国の聖人の世界）を発見することで、人々の多様性を見失うことなしに社会の全体を構想するとはどういうことかを問い続けた。

「愛の理」ではなく「愛」

孔子や孟子の説く「仁」について、仁斎はこう述べている。

> 慈愛の心、渾淪通徹《こんろんつうてつ》、内より外に及び、至らざる所なく、達せざるところなく、一毫《いちごう》（少しも）残忍刻薄《ざんにんこくはく》の心なし、正にこれを仁と謂《い》う。（『童子問』）

こうも言われる。

> 問う、仁は畢竟《ひっきょう》愛に止《とど》まるかと。曰く、畢竟愛に止まる、愛は実徳《じっとく》也〔中略〕苟《いやし》くも一毫残忍刻薄忮害《しがい》の心有れば、則《すなわ》ち仁たるを得ず。（同）

朱子は、「仁」を「愛の理」と定義した。「愛」は、ある対象に向けて働く具体的な感情、つまり「心」の動きである。感情こそが人間らしさの発露であることを、朱子は承認する。しかし同時に、人をそこに溺《おぼ》れさせるものが潜んでいることにも目を向ける。例えば怒りという感情でいえば、怒りのままに我を忘れてしまう（朱子自身も、怒りを制しがたいという欠点が自分にはあると述べている）。感情を、あるべきように、過不足ないものにコントロールすることが大事なのであり、そのあるべきようが「理」だと朱子は言う。

その「理」は、決して外から押し付けられるものではなく、「天」からの賦与として万人の「心」の奥底に静かに内在している。それが「性」としての「理」（天理）であり、これに覚醒することが学問で、その究極は聖人（天理の体現者）となることである。「理」は万人に内在するから、可能性として、誰もが聖人になりうる。「聖人学ンデ至ルベシ」、誰もが聖人となるべく努力しなければならない、これが朱子学の理念となる。

しかし仁斎からすれば、そこにこそ「残忍刻薄の心」が生まれる。誰もが聖人となるように努力せよという発想は、努力の足りない者への批判に転化するだろう。「理」の自覚において不足の者、誤っている者を叱責し指弾するような態度をもたらす。しかし、誰が何を基準に、その不足や誤りを認定するのだろうか。そこにあるのは、自分は「理」に届いているという傲慢《ごうまん》でしかない。

凡そ事、専《もっ》ぱら理に依りて断決《だんけつ》すれば、則ち残忍刻薄の心勝《まさ》りて、寛裕仁厚《かんゆうじんこう》の心寡《すく》なし。〔中略〕己を持すること甚だ堅く、人を責めること甚だ深し。（同）

こうして、仁斎は「愛の理」ではなく「愛」そのものが尊いのだと宣言する。わずかの言葉の違いではあるが、この違いは大きい。重んじるのは〈他者〉に対する寛容であり、斥けるのは刻薄である。相手が何か過ちを犯した場合、これを憎んだり怒ったり、あるいは軽蔑したり無視したりしがちであるが、そういう時こそ、相手の過ちのやむをえないところを思いやることが「愛」だと仁斎は言う。

仁斎の言う「愛」は、より具体的には「忠恕《ちゅうじょ》」である。『論語』に「曾子曰、夫子之道、忠恕而已矣」(曾子《そうし》曰く、夫子《ふうし》の道は忠恕のみ)とある。曾子は、孔子の弟子の曾参《そうしん》(朱子学では、『大学』の経一章は孔子の言葉を曾子が伝えたもの、それを敷衍《ふえん》した伝十章は、孔子の言葉に与えられた曾子の解説とされた)。夫子は、もちろん孔子である。この「忠恕」について、朱子は「己を尽くす、これを忠と謂う、己を推す、これを恕と謂う」と説いた(『論語集註』)。仁斎はといえば、こうである。

己の心を竭尽《けつじん》するを忠となし、人の心を忖度《そんたく》するを恕となす。(『語孟字義』)

「人の心を忖度する」とは、どういうことだろうか。そもそも、そういうことが可能なのだろうか。朱子学であれば、万人の心の内奥に同じ「理」が等しく賦与されているから、こういう問題にはぶつからない。「己を推す」、自分の中の「理」を押し及ぼせば、それで相手の内面を理解することができるはずである。しかし仁斎にとって、「人の心を忖度する」とは一体どういうことなのかという問題は、決定的に重要なものとなる。

他者性の発見

仁斎の言葉を聴こう。

父子《ふし》の親しき、兄弟《けいてい》の睦《むつ》まじきと雖《いえ》ども、既に其の体を異にす。(『童子問』)

これまで父子や兄弟は、もっぱら「気」の連続(もっとも緊密に繋がった人間関係)という面で語られてきた。しかしここで仁斎が述べているのは、たとえ父子や兄弟であっても別個の人間（人格）だということである。

あるいは、

夫《そ》れ人と我と、体を異にし気を殊《こと》にす。其の疾痛疴《しっつうあ》癢《よう》、皆相い関《かかわら》ず。（同）

「人」と「我」という言葉を仁斎が選んだ時（父子や兄弟も「人」と「我」の関係である）、その「人」は、私たちの言葉で言えば〈他者〉であって、自分から切れた〈他者〉とどのように繋がるのかという問題に、仁斎は向き合っている。

これは画期的なことである。儒教は、父子・君臣・夫婦・兄弟・朋友という人間関係（人倫）から道徳を考えていく。要するに儒教の伝統においては、最初から分かり合える人間関係が前提とされて、その波及や延長としてしか問題は考えられなかった。つまり、思想の問題としての〈他者〉、つまり自分と相手の間には理解しえない部分、重なりえない部分が当然のこととしてあるのだという隔絶の感覚はなかった。朱子学や陽明学にあって、その〈他者〉不在は極まる。価値としての「天理の公」、その対極としての「人欲の私」という枠組みは、朱子学や陽明学の常套《じょうとう》であるが、それは例えば「公は則ち一なり、私は則ち万殊《ばんしゅ》なり、人心の同じからざること面の如きは、只《た》だ是れ私心なり」（『近思録《きんしろく》』に収められた程伊川の言葉）とされるように、「理」の担い手としての人間同士は、顔形をはじめとする現実相の差違を超えて、均質一様、ぴったりと重なり合うべきものとされていた。

「四端」の拡充、「卑近」の尊重

では仁斎にあって、「人」と「我」は、何をもって繋がるのだろうか。仁斎は、それを「四端《したん》」の拡充に求める。「四端」とは、『孟子』で説かれている「惻隠《そくいん》・羞悪《しゅうお》・辞譲《じじょう》・是非《ぜひ》の心」（思いやり、恥らい、譲りあい、正邪を弁別する心）である。

朱子はこれらを、「性」（天理）として心の奥に内在する「仁・義・礼・智」の徳が、あるきっかけによって発現したものと考えた。人は、この発現を見逃さず、それを「端緒」とすることで、糸を手繰り寄せるように、自己に内在する本源的な「仁・義・礼・智」の自覚に至るべきだとする。これに対して仁斎は、人間はそれぞれ違った存在であっても、この「四端の心」をもつということで共通すると言う。〈他者〉の心の隅々までを推し量ることはできないし、その必要もない。人と人は、「四端の心」をもつという点で繋がればそれでよいのだ。

四端は吾が心の固有、しこうして仁義礼智は天下の大徳なり。四端の心は微なりと雖ども、然れども拡げて之を充たせば、則ち能く仁義礼智の徳を成す。〔中略〕則ち性の善の恃《たの》むべからずして、拡充の功の最も廃すべからざるを知る。（『孟子古義』）

「四端」を手掛かりにして自己の「性」を内省的に自覚するという朱子学の方向は、逆なのである。「四端」は、それをもって日常的に〈他者〉と交わっていく踏み台である。

仁斎ほど、「寛容」とともに「卑近」の意義を力説した思想家はいなかった。朱子学は「高遠」に馳せることで自らを誇るが、大事なことはすべて「卑近」にあって、「卑近」から離れた「高遠」は偽ものだと仁斎は述べる。親を親として敬い、年長者を年長者として敬うというような「卑近」にこそ真理（真の高遠）がある。こうして〈他者〉と交わっていく舞台は、日常卑近な日々の暮らしに求められた。

ここには、墨子《ぼくし》の唱えた「兼愛」説への孟子の批判が生かされている。墨子は、あらゆる人々を平等に愛すべきことを主張したが、これを厳しく批判して孟子は、差等に基づく愛情が人間にとっての自然（当然）だと論じた。父子の間の愛情がもっとも基本であり、そこから家族・宗族への愛情、さらに郷党へというように愛情が波及していく。そういう愛情の濃淡（差等）を無視して、いきなり万人への平等な愛情があるはずはない。この差等愛の立場は、その後も儒教の原則として生き続ける。〈他者〉との繋がりという問題の設定は、一歩を誤ると、父子や家族・宗族への愛情を起点とするという儒教の倫理観から逸脱してしまう危険を孕んでいる。しかし仁斎は、「日常」という場での〈他者〉への愛を説くことで、活路を開いた。差等愛の立場と〈他者〉性の承認とは矛盾するものではなく、互いに生かし合うべきものだと仁斎は捉える。

仁の徳たる、大なり。然れども一言以って之を蔽《おお》う。曰く、愛のみ。君臣に在りては之を義と謂い、父子には之を親《しん》と謂い、夫婦には之を別《べつ》と謂い、兄弟には之を叙《じょ》と謂い、朋友には之を信《しん》と謂う。皆愛より出《い》ず。蓋《けだ》し愛は実心《じつしん》より出ず。故に此の五者、愛より出《いで》れば則ち実たり、愛より出ざれば則ち偽なるのみ。(『童子問』)

父子の親愛をはじめとして、すべては「愛」の「実心」から出てくる限りで意味をもつので、普遍的な「愛」に裏打ちされない差等愛は「偽」だとされる。親への「孝」や君への「忠」にあってこそ、そういう普遍的な「愛」に裏打ちされなければ、それは名ばかりのものになる。

仁斎は、こう言いたいのだ――自分と相手とは、隙間《すきま》なくぴったり重なり合うものではないのに、強いてそれを求めるから、愛情が憎悪に変わったり、酷薄が人々の心を支配してしまう。日常生活においてこそ〈他者〉感覚は大事なので、ある距離を保った穏やかな愛情こそが、孔子や孟子の唱えた「仁」なのである。

徂徠の朱子学・仁斎学批判

徂徠もまた朱子学から出発したが、早い時期から仁斎の思想に関心を寄せて、半ばの共感を懐いていた。しかし古文辞学という方法の獲得とともに、朱子と仁斎を一括《ひとくく》りに、いずれも「古言《こげん》」を知らず「道」についての主観的な言説を吹聴《ふいちょう》する者として厳しく斥けるようになる。

「道」とは何か、これこそ徂徠の思想の中心問題であり、そのために『弁道《べんどう》』が書かれた。『弁名《べんめい》』は、仁斎の『語孟字義』に相当するもので、徂徠の捉えた思想的な基本語彙を解説したものである。『論語徴《ろんごちょう》』は、朱子の『論語集註』と仁斎の『論語古義』を批判しながら、「古言」の正しい理解によって、孔子の「微言《びげん》」に込められた政治的含意を明らかにして『論語』の真意を解明しようとしたものである。時に奇矯《ききょう》とされる解釈を含みながらも、古文辞学に立った方法的自覚と鋭い政治センスによって『論語徴』は傑出し、江戸の『論語』解釈は、その登場によって風景が一変してしまうことになる。

その他にも、明代の法制についての『明律国字解』、兵学書としての『鈐録《けんろく》』『鈐録外書』、和文で著された徂徠学入門ともいうべき『徂徠先生答問書《とうもんしょ》』や和文の随筆『なるべし』などがあり、徂徠の知的関心の広さは群を抜いていた（これと並ぶのは新井《あらい》白石《はくせき》であろうか）。

「道」は聖人が作った

「道」とは何か。徂徠は、「道」とは「大」なるものだと言う。こういう捉え方は、それは天人を貫く真理であるとか、人間としての正しい生き方だというような内容的・実体的な定義とはまったく質が違っていて、ここに徂徠らしい「道」への向き合い方がある。

道は知り難く、また言い難し。その大なるがための故なり。後世の儒者は、おのおの見る所を道とす。みな一端なり。それ道は先王の道なり。思孟《しもう》（子思と孟子）よりして後、降《くだ》りて儒家者流となり、すなわち始めて百家と衡《こう》（主導権）を争う。みずから小にすと謂うべきのみ。（『弁道』）

徂徠によれば、「道」は、何かと対抗・対立したり、何かを排除したりするものではない。すべてを包摂する、ある全体的なものが「道」である。孔子の時代まではまだよかったが、子思と孟子から後は、「道」の思想も、諸子百家の一つとしての儒家の言説であることに甘んじてしまった。それは道の「大」を失ったことなのである。朱子も仁斎も、これに気付かずに、「小」としての対抗の言説を重ねている。

では、「大」なるものとしての道は、なぜ「大」でありうるのか。

孔子の道は先王の道なり。先王の道は、天下を安んずるの道なり。（同）

またこうもある。

道なる者は統名なり。礼楽刑政《けいせい》およそ先王の建つる所の者を挙げて、合せてこれに命《なづ》くるなり。（同）

「道」は、「天下を安んずる」ために先王（中国古代の聖人たち）が建てたもので、その礼楽制度の全体を指す総称なのである。これは、朱子や仁斎の議論に慣れた人たちにとって、驚くべき発言だった。自然や宇宙の秩序、そして一人ひとりの道徳性や生き方からも切断されて、「道」は、長い時間をかけながらも歴史的にある時点で、ある目的のために、ある特定の英雄によって作られたものだと断言されたからである。

先王の道は先王の造る所なり。天地自然の道に非ざるなり。（同）

聖人たちは、それぞれに「天」から聡明叡智《そうめいえいち》の才徳を受け、文字を作り、農耕を教え、住居を建て、医薬を授けて、人々の生活を〈文明〉に導いた。次に、儀礼や式楽を定め、政治的な制度を定めた。こうして、人間らしい美しい秩序ある社会がもたらされた。社会に分節と統合をもたらす装置が「礼楽刑政」（端的に言えば「礼楽」）であり、「礼楽」が〈文明〉の本質をなす。

古代中国では王朝が成立する時、その開国の君は、その後の数百年にわたる人情や風俗の変化をあらかじめ洞察して、人情や風俗の急激な堕落を前もって制御するように「礼楽」を作っておいた。それが、先王の「道」である。その「礼楽」世界では、君子（エリート）はゆったりと「礼楽」を実習し体得することで個性的な才能を磨き、ゆくゆくは政治的役割を分担して「安民」（民を安んずる）のために能力を発揮する。それは、画一的な道徳家を作るのではない。そして、個性的な才能を配置・活用し、それらの総和として「安民」を達成するのが、君主やそれを補佐する者の固有の職責である。小人（民衆）は、家族や地域の中で素朴な徳（例えば「孝」）を育みながら生活を営んでいく。あらゆる人が、相応《ふさわ》しい場所にあって、担うべきものを担い、その協同として社会が穏やかに営まれる。

これは、差別的な人間観のなせる恐ろしい管理社会の設計図だという見方も可能かもしれない。しかし徂徠にとっては、これが古代中国で実現した〈文明〉の姿であって、人々の共同生活とはそういうものである。どういう人間にも相応の役割（意味）はあるもので、それを発揮する場所がうまく与えられないことが「悪」なのだと徂徠は考えた。聖人の道においては「棄物《きぶつ》」はないとも徂徠は述べているが、ここに「大」なるものとしての「道」という議論が脈打っている。

世界の惣体《そうたい》を士農工商の四民に立《たて》候事も、古《いにしえ》の聖人の御立候事にて、天地自然に四民有之《これあり》候にては無御座《ござなく》候。農は田を耕して世界の人を養い、工は家器を作りて世界の人につかわせ、商は有無をかよわして世界の人の手伝をなし、士は是を治めて乱れぬようにいたし候。各其自《みずから》の役をのみいたし候え共、相互に助け合いて、一色かけ候ても国土は立不申《たちもうさず》候。されば人はもろすぎ（諸過ぎ。お互いに生計を立てていく）なる物にて、はなればなれに別なる物にては無之《これなく》候えば、満世界の人ことごとく人君の民の父母となり給うを助け候役人に候。(『徂徠先生答問書』)

社会制度の原型は「古の聖人」の立てたものであるが、それは、人々が各自の「役」を担うことで機能する。古くから言われるように「人君」は「民の父母」(『大学』が引く『詩経』の句)であるが、徂徠にあってそれは、君主の慈恵が一方的に下に与えられるということではなく、「満世界の人ことごとく」がそれぞれの場所において役割を果たすことに支えられている。

『政談』

徂徠にはもう一つ、重要な著作がある。将軍吉宗の諮問に応えて書かれた『政談《せいだん》』がそれで、この書物ほど、江戸の社会体制のありようを根本から論じたものはない。社会観察が細かく、その細かに捉えられた瑣末《さまつ》とも思える事象が、いずれも社会の深部で進行している大きな変化に由来する只ならぬ問題の表出であることが解明されていく。『弁道』や『弁名』でなされた徂徠の理論構築の土台には、こういう社会観察がある。現実分析と理論構築を往復する頭脳、現実に鍛えられた問題意識を古典解釈に投げ返す知性として、徂徠は、江戸の思想史において際《きわ》立っている。

徂徠は、江戸の社会が、綱吉の治世の頃(元禄期)から大きく変容していることに着目する。貨幣・商品・市場の力が浸透して、伝統的な人間関係が、人々の気付かないうちに解体を始めた。都市でも農村でも、武士社会でも町人社会でも、この趨勢は止まらない。譜代の関係が、いつのまにか金銭を媒介とした短期の契約関係になっていて、それが気苦労のない快適なものだと意識されている。世話を焼くとか面倒を見るという人格的な関係は煩わしいものとされ、他人に気を配ること（他人から気にされること）を忌避するようになる。こういうあり方を徂徠は「面々構《めんめんこう》」という印象的な言葉で表現した。

このように現実を捉えた徂徠は、まさに「道」を根拠として、その全面的な制度改革を吉宗に訴える。

当時の仕方は治の根本に返り、やはり柔かなる風俗の上にて古を考え、法を立直すに如《し》くは無し。治の根本に返りて法を立直すと云うは、三代の古も〔中略〕治の根本は兎《と》角《かく》人を地に着る様にすること、是治の根本也。（『政談』）

実行すべきは、万人の土着、とくに武士の土着である。武士が都市生活者となったから、箸《はし》一本でも金で買うことになり、貨幣・商品・市場の力が増長した。また、武士が農村からいなくなったことが農村の治安を悪化させ、武士の統治責任を曖昧にさせている。武士は、その発生からして在地の者であり、民を、親が子を養い育てるように世話しなければならない。そういう濃密な関係が社会の根底に確固としていないと、社会は貨幣・商品・市場の力によっていいように蝕《むしば》まれていく。

武士の土着によって、希薄化（匿名化）した人間関係の進行に歯止めをかける。その上で、古代中国の先王が行ったように、王者としての徳川将軍が、人情・風俗の変化をあらかじめ読み込んで「礼楽」の制度を立てるべきなのである。眼前の制度や礼楽は、一見すれば整っているようにも映るが、それらはすべて惰性としてそこにあるばかりのものである。本来ならもっと早く、元禄期の激変の前に制度が確立されることが望ましかったが、まだ最後のチャンスとしての可能性はあると徂徠は説く。

歴史を学び、今を相対化する

徂徠は、現実の社会にせよ、古の「道」にせよ、大きくその全体を見渡すことのできた思想家であった。その認識論的な根拠として、その個人史からすれば、若い頃の上総体験があることは疑えない。江戸に帰って徂徠は、その変化の激しさに驚くとともに、そこに暮らす人々がその変化に無自覚であることに、より驚いた。こうして、一つの世界（城や砦《とりで》にめぐらせた囲いである「くるわ」、徂徠はこれに譬える）の内にいる人間には、その世界の全貌・本質は見えないということを痛感する。経験が、自身によって客観視されないからである。

では、「くるわ」を出るにはどうしたらよいのか。徂徠の答えは、どこまでも「物」に即《つ》いて観察するということだった。徂徠は、学問は「飛耳長目《ひじちょうもく》」（『管子』）でなければならず、その意味で、学問は歴史を学ぶことに極まると言う。

見聞広く事実に行わたり候を学問と申事に候故、学問は歴史に極まり候事に候。（『徂徠先生答問書』）

歴史を学ぶことは、それまでは、政治の得失や人物の出処進退を論じて、それを政治的・道徳的な勧戒《かんかい》とするためであったが、徂徠の言う「歴史」はそういうことではない。

それ古今は殊《こと》なり。何を以てかその殊なるを見ん。ただそれ物なり。物は世を以て殊なり、世は物を以て殊なる。〔中略〕すでに物あれば、必ずこれを志《し》に徴してその殊なるを見る。殊なるを以て相映じて、しかるのち以てその世を論ずるに足る。〔中略〕故に今を知らんと欲する者は必ず古に通じ、古に通ぜんと欲する者は必ず史なり。史は必ず志にして、しかるのち六経ますます明らかなり。（『学則』）

「志」は、例えば『漢書』なら律暦《りつれき》志・礼楽志・刑法志・食貨《しょっか》志・郊祀《こうし》志・天文志・五行志・地理志・溝洫《こうきょく》志・芸文志、つまり具体的な制度・文物・事象の個々の記録である。それらを広く学ぶことで、「今」を相対化できる。普遍的な（ノッペラ棒の）道徳論議、抽象的な政治談議ではダメだというのである。

そして「六経」そのものが古の文物として「物」である。そういう「物」に即した目で、自分が生きる社会の事象を古今東西の「物」と比べていけば、その人は「飛耳長目」を得て、「くるわ」にあって「くるわ」を出ることができると徂徠は考えた。

徂徠学派

徂徠が、その後の江戸の思想史に与えた影響は、極めて大きなものがある。蘭学や国学はもちろん、悉曇《しったん》（梵語《ぼんご》）学まで、およそ言語を媒介として何かを究めようとする者にとって、徂徠の提起した方法的な自覚の問題、倫理や道徳から離れて「物」自体をどう捉えるのかという問題は広く深く共有されていった。

狭く徂徠の学問の継承ということで言えば、太宰春台《だざいしゅんだい》（一六八〇〔延宝《えんぽう》八〕年～一七四七〔延享《えんきょう》四〕年）と服部南郭《はっとりなんかく》（一六八三〔天和三〕年～一七五九〔宝暦《ほうれき》九〕年）が重要である。春台は、信州の飯田藩士の子であったが、江戸に出て徂徠に学んだ。春台は「時」「理」「勢」「人情」を勘案して社会を論じるべきだとして、『経済録』『経済録拾遺』を著した。そこでは、商品経済の発展という好ましからざる現実への対応を模索し、各藩が藩営の専売制度を採って「富国強兵」（ここでの国は藩のこと）を目指すべきことが主張されている。

春台の思想でもう一つ興味深い点は、儒教の枠の中で「悪」の問題を考えたことである。まず春台は、「心を治る道は釈氏の法（仏教）にて、聖人の道に無き事にて候。〔中略〕心に

て心を治る事、決して叶《かな》わぬ事にて候」(『弁道書』)とする。そして、

人の心には種々の情欲ありて、制しがたき物にて候。情欲を恣《ほしいまま》にすれば、諸《もろもろ》の悪これより起りて〔中略〕放逸無慙《ほういつむざん》と申候。先王の礼は人の情欲を防がん為に作りたまえる故に、河の防《つつみ》に譬《たとえ》られ候。

と述べる。「心にて心を治る事」に、春台はもはや期待しない。徂徠以前の儒教であれば、「礼」は人間の内面的な道徳性(天理)の社会的表現とされたが、春台は違う。「情欲」のままに流される「放逸無慙」(悪)の防波堤なのである。「美女を見て其色を心に愛する」のは人情だが、そのまま「婦女に戯るる」者は小人であって、そういう場面で「礼法」に従うのが君子だとも春台は言う。それは、偽善の勧めなのかもしれない。ただここには、人間の本来態は「善」であって「悪」はそこからの逸脱に過ぎないとする東アジアの思想的伝統の中で、本当にそうなのかという懐疑が芽生えている。

一方の南郭は、京都の富裕な町人の子であったが、江戸に下って柳沢吉保に歌人として仕え、そこで徂徠に入門した。儒教の古典解釈や理論的な考察、経世論などには関心を向けず、もっぱら詩文を事として『伊勢物語』などを好んだ南郭は、『唐詩選』を刊行して多くの読者に迎えられた。その南郭は「風雅」について、こう述べている。文学(詩)とは、『詩経』から漢魏《かんぎ》六朝の伝統として「風雅」を伝えるもので、かつそれは初盛唐の詩で頂点を迎えた

ことを言って、それに続く一節である。

たとえば友などに別るる時、平生の好《よし》みを思い出《いだし》、別後の恨《うらみ》うさをなげき、共に涙を流してあわれを述るなど云様の事、宋以後理学計《ばかり》の目よりは手ぬるき児女子の様に見え候事なれども、それすなわち風人の情にて候。（「南郭先生燈下書《とうかのしょ》」）

こう述べて南郭は、「詩の教」は「温和」「婉曲《えんきょく》」であり、「何となく人の心を感ぜしむる」ものだと論じている。人間の「情」の真実は「手ぬるき児女子の様」なものであって、朱子学が掲げる規範としての「理」を超えたものだという。

議論の方向は両者の性格の通りに反対であっても、「美女を見て其色を心に愛する」気持ちをどうすべきかと問題を置いた春台と、「手ぬるき児女子の様」な「情」を歌って「あわれ」を伝えるのが詩の本質だと説いた南郭と、その人間理解には通じ合うものがある。

第6章　啓蒙と実学

仁斎と徂徠が、古典と格闘する中から独創的な思想を作り上げたとすれば、それとはまったく性格の異なる儒教の展開が、朱子学を基盤としてなされていた。そこで尊重されるのは、啓蒙的な合理性であり、叙述の明晰《めいせき》さである。

朱子学の「理」には、事物を事物たらしめる個別の「理」と、それらを統括する究極の原理としての太極《たいきょく》の「理」がある。これから登場する知識人は、太極の「理」の探求を保留し、世界や歴史の事物事象その一つひとつに愛着を感じ、その「理」を明らかにすること（朱子の『大学』解釈が説く「格物窮理」、物に格《いた》り理を窮《きわ》める）と、それを分かりやすく人々に伝えることに腐心した。「気」の循環や凝縮・拡散として現象する事物の世界にあって、「気」の運動をそうあらしめている「理」を窮めることは、十分それだけで知的に喜ばしいことだろう。しかし彼らは、「理」の探求から得られた知識を活用して人々の暮らしを向上させることが、知識人としての責務だと確信している。

貝原益軒

貝原益軒《かいばらえきけん》(一六三〇〔寛永七〕年～一七一四〔正徳《しようとく》四〕年。福岡藩士)と新井白石(一六五七〔明暦三〕年～一七二五〔享保十〕年。久留里《くるり》藩士の子。六代将軍家宣《いえのぶ》と七代将軍家継《いえつぐ》の側近として正徳の治《ち》を主導した)は、いずれも武士社会に生きた朱子学者で、古典解釈を通じて思想を構築することには興味を示さず、「物」や「事」に即して知識を蓄え、和文でそれらを表現することに学者としての使命を見出した。

益軒は「儒者は天下の事、皆しるべし」(『養生訓《ようじようくん》』)と唱え、「民生日用」に有益な「物理の学」「博物の学」(『大和本草《やまとほんぞう》』)こそ学問だと考え、晩年まで衰えることなく(というより晩年にこそ)多くの書を著し、出版ジャーナリズムと手を携えて、それらを次々と刊行した。実用の知識を求める声に応えるためには、平易な和文体で書かれなければならない。こうして、広い需要に応えるために書物を著すという時代がやってきた。

益軒の思想の中心にあるものは、天地の働きは「生物」(生命を生み育てる)としてあり、その天地の働きに感謝し、節制して長生きをして知見を広め、人としての生を「楽しみ」和らいで天寿を全うすべきだという信念である。

長生《ながいき》すれば、楽《たのしみ》多く益多し。日々にいまだ知らざる事をしり、月々にいまだ能《よく》せざる事をよくす。この故に学問の長進する事も、知識の明達なる事も、長生せざれば得がたし。（『養生訓』）

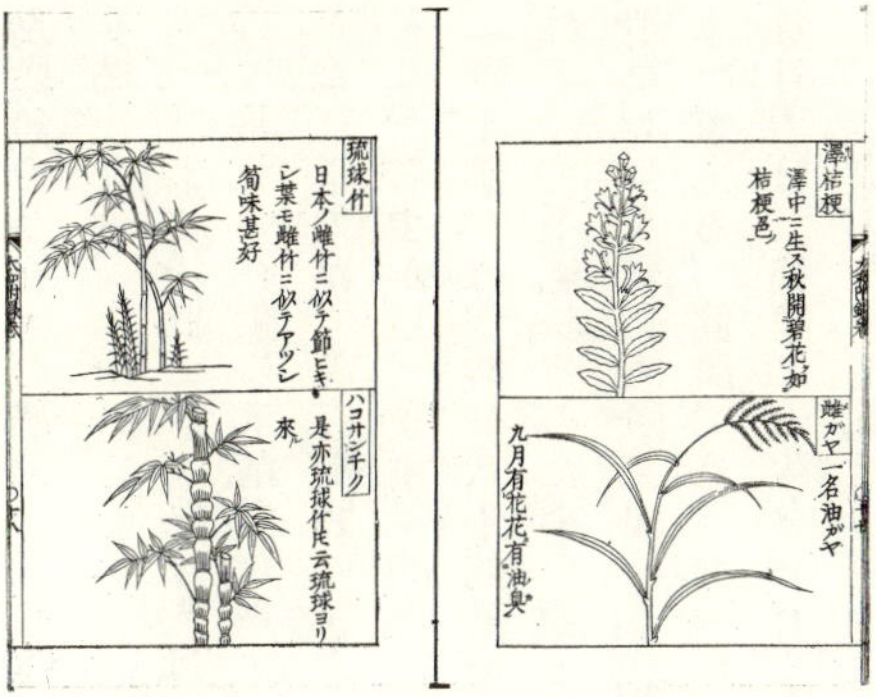

『大和本草』（内閣文庫蔵）

天地の「生物」の働きを知ることは、よりよく（楽しく）生きるために必要であり、そこから『大和本草』や『養生訓』などの実学書が著された。一三六〇余種の「草木禽獣魚介金石」が、図をともなって紹介された『大和本草』は、明の李時珍《りじちん》の書『本草綱目《ほんぞうこうもく》』に倣って、一七〇八（宝永五）年、益軒七十九歳の時に著されている。自序において益軒は、この書が古代の聖人の「開物成務《かいぶつせいむ》」（『易経』の言葉。人々の知識を開き事業を達成させる）を継ぐもので、かつては不明であったことや調査が届かなかったことも時代とともに明らかになっているから、それを正しく紹介することが「民生日用」のためであり、中国と日本では「草木禽獣魚介金石」の様態が異なるから、日本のそれらを正しく記述することが必要だと述べている。

　およそ此の学を為す人は、博学該洽《がいこう》多く聞き多く見て疑殆《ぎたい》を闕《か》き、彼是《かれこれ》を参考し、是非を分弁する事精詳《せいしょう》ならずんば、的実《てきじつ》を得るべからず。（『大和本草』）

本草学では、調査範囲の狭さや不正確な記述、先入見にとらわれた判断などは直ちに禍疫《かえき》をもたらすから、まず「的実」が求められた。「物」に即した知、実学の精神がそこにある。

『養生訓』は、益軒八十四歳の作品である。「養生」の語は『孟子』に見え、中国では道教によって不老長寿のための術として発展したが、益軒の言う「養生」は独特である。自分の身体は「父母の残せる身」「天地のみたまもの」で、その身を長く健康に保つことは「孝の本」である。健康であるためには、「喜び」「楽しみ」がなければならない。悶々鬱々《もんもんうつうつ》とした毎日では、健康には生きられない。

　人となりて此世に生きては、ひとえに父母天地に孝をつくし、人倫の道を行ない、義理にしたがいて、なるべき程は寿福《じゅふく》をうけ、久しく世にながらえて、喜び楽みをなさん事、誠に人の各願う処ならずや。（『養生訓』）

では「喜び」「楽しみ」の本質とは何か、益軒は「身に道を行ない、ひが事なくして善を楽しむ」ことだとする。〈善をなせ〉とはあらゆる道徳家の説く訓戒であろうが、〈善を楽しむ〉とあるところが益軒らしさである。それは必ず心の平安をもたらし、すべての健康法の出発点はそこにある。

その上で、「聖人は未病《みびょう》を治す」「養生の道は、病なき時つつしむにあり」という観点から、風・寒・暑・湿の「外邪」と、酒食・好色の「内欲」をめぐって細かな注意が与えられ、病気にならない工夫が説かれていく。今日の「養生」が、主に病後の体力回復について言われるのと異なっている点に注意したい（それにしても、身体観として鈴木正三の「糞袋」とのなんたる違いであろう）。

益軒はこの他にも、『養生訓』を含めて「益軒十訓《じゅっくん》」と総称される教訓書（漢文のものでは『五常訓』『楽訓』など、和文では『大和俗訓』や『和俗童子訓』など）を著し、晩年には、「理」を「気」の働きに即して捉えるための理論的な心覚えとして『大疑録《たいぎろく》』を書き残した。

宮崎安貞『農業全書』

宮崎安貞《みやざきやすさだ》（一六二三〔元和九〕年〜一六九七〔元禄十〕年）は、福岡藩を致仕《ちし》（官職を辞すること）した後、荒地を開墾して自ら耕作に従事しながら農業技術の改良に努め、一方、山陽道や畿内を旅するなかで土地の老農の話を採録し、一六九七（元禄十）年、明の徐光啓《じょこうけい》の『農政全書』に倣って『農業全書』を刊行した。益軒の場合の、『本草綱目』と『大和本草』

の関係と同じである。安貞はこの書で、その益軒（とその兄の楽軒《らくけん》ら）の協力を受けて、約一五〇種の作物の特性・耕耘《こううん》・施肥・生育法をまとめあげた。

『農業全書』の凡例で安貞は、「土民を友として農事に習う」自分は、この書で「農家万が一の助」となれれば本望で、そのために本文の「真名字《まなじ》」（漢字）に「かな」を付けると述べている。上層の農民を読者として想定したのであろう。上層の農民の間では、会津の幕内《まくのうち》村の肝煎《きもいり》であった佐瀬与次右衛門《させよじえもん》が、「凡《およそ》農夫は時・処・位を勘《かんが》え、草木の萌芽《ほうが》、花実を弁《わきま》えて稼穡《かしょく》を為《なす》〔中略〕農智」が必要だとして『会津農書』（一六八四〔貞享《じょうきょう》元〕年）を著していたように、土地に即した「農智」を集成して子孫に伝えようという動きさえ芽生えていた。こういう動きと結んで、『農業全書』は直ちに世に受け入れられ版を重ねたのである。

この書には、益軒が叙を付けている。

聖人の政は教・養二つのものに在るのみ。而して其の序《つい》でを論ずれば、則ち養を先と為し、教を後と為す。是れ富ましめて後之れに教うるなり。何となれば則ち、食は惟《こ》れ民の天なり、農は政の本《もと》たり。

「食は惟れ民の天なり」という言葉からは、民に満足いくまで食べさせてこその政治だという益軒の声が響いてくるようである。では満足いくまで食べられないのは、一体なぜか。農民が怠惰だからか。そうではない。農業技術が不正確であるために、「身を労し、心を苦しめて勤めいとなむ」ものの、「秋のなりわいの不足を見ること、しばしばなり〔中略〕是誠に憐むべく、惜《おし》むべき事の甚しきなり」と安貞は述べている。

この書は、後に知見が開け、より正確で詳細な知識が得られたなら補訂版を作ってほしい、それが「民の益」になるのだからと明記している（益軒の叙）。そこには、日々に進歩発展してこその実学だという信念があり、知識は公開され共有されることで進歩発展が促されるという確信があり、自分たちの仕事がその土台になるのだという自負がある。これは、上から道徳の訓戒を垂れる書物にはない、新しい知的な精神である（事実、農学者である大蔵永常《おおくらながつね》は『農業全書』を補うべきものと明言して『綿圃《めんぽ》要務《ようむ》』〔一八三三〈天保四〉年刊〕を著した）。

新井白石
（『先哲像伝』より）

新井白石と世界

益軒から一世代ほど遅れて、徂徠とほぼ同時代人として生きた新井白石は、益軒も徂徠も知らない広い世界を知っていた。一七〇九（宝永六）年、前年に屋《や》久《く》島《しま》に上陸したイタリア人の宣教師であるジョバンニ・シドッチを小石川の切支《キリシ》丹《タン》屋敷で訊問《じんもん》した白石は、江戸参府のオランダ商館長にも何度か面会し、そうした機会に集めた情報をまとめて『西洋紀聞《せいようきぶん》』三巻を著した。ただしこの書は、キリシタンに関わる記述が含まれていたため、公刊されずに写本で伝わった。白石はまた、順にヨーロッパ・アフリカ・アジア・南アメリカ・北アメリカを取り上げ、地理・風俗・歴史・産物などを網羅的に紹介した地誌の書である『采覧異言《さいらんいげん》』五巻を著したが、これは公刊されて広く流布し、江戸期の知識人に大きな影響を与えた（一八〇二〔享和《きょうわ》二〕年、山村才助《やまむらさいすけ》が地動説に立って『訂正増訳采覧異言』を著すことになる）。

白石は浪人生活を送り、木下順庵《きのしたじゅんあん》（一六二一〔元和七〕年〜一六九八〔元禄十一〕年。藤原惺《ふじわらせい》窩《か》—松永尺五《まつながせきご》の学統を継いだ朱子学者。白石の他にも室鳩巣《むろきゅうそう》・雨森芳洲《あめのもりほうしゅう》ら多くの俊才を育てた）について朱子学を学び、その推挙で甲府藩主の徳川綱豊《つなとよ》に仕え、綱豊が六代将軍の家宣となると、将軍を輔佐《ほさ》して幕政改革にあたったことはよく知られている。数多い儒者の中で、幕府政治の中枢に関与しえたのは、白石一人であった。

白石は、『西洋紀聞』の中でキリスト教について、こう述べている。

其教とする所は、天主を以て、天を生じ、地を生じ、万物を生ずる所の大君大父とす。〔中略〕もし我君の外につかうべき所の大君あり、我父の外につかうべきの大父ありて、其尊きこと、我君父のおよぶところにあらずとせば、家においての二尊、国においての二君ありというのみにはあらず、君をなみし、父をなみす、これより大きなるものなかるべし。

「大君大父」としての「天主」（造物主）を認めることは、現実の君父を軽んじることになり、極限状況にあって、君父に叛逆《はんぎゃく》する可能性を開くというわけである。白石は、十字架に懸けられたイエスの復活についても、「荒誕浅陋《こうたんせんろう》、弁ずるにもたらず」として、なんら宗教的な興味を示すこともない。シドッチの伝える「天文地理」関係の情報には旺盛な関心を示し、地球説にも理解をみせる白石であるが、

凡そ其人博聞強記にして、彼方多学の人と聞えて、天文地理の事に至ては、企《くわだて》及ぶべしとも覚えず。〔中略〕其教法を説くに至ては、一言の道にちかき所もあらず。智愚たちまちに地を易《か》えて、二人の言を聞くに似たり。ここに知りぬ、彼方の学のごときは、ただ其形と器とに精《くわ》しき事を。所謂形而下《いわゆるけいじか》なるもののみを知りて、形而上なるものは、いまだあずかり聞かず。さらば、天地のごときも、これを造れるものありという事、怪しむにはたらず。（同）

として、「天文地理」を語るシドッチと、「其教法」つまりキリスト教の教理を説くシドッチとでは「智愚」二人の人間がいるようだと、正直な印象を述べている。ただ白石はどこまでも冷静で、キリスト教を伝えようというシドッチの情熱と勇気には、「其志のごときは、尤あわれむべし」として、共感とは言えぬもののある種の感慨を懐き、それが領土的な野心に

よるという俗説には、「其教の本意」と「其地勢」からしてありえないことと判断している（例えば、蕃山は「吉利支丹《キリシタン》日本を望こと久し、乱世を待て取ことあるべし」と強く警戒していた。『集義外書』）。

合理的な歴史観

啓蒙的理性の持主である白石は、歴史に対しても徹底して人間の責任を求めた。歴史の展開は、神の叡智《えいち》や不可知の運命、神秘の力などによるのではなく、あくまで人間それ自体の問題だと白石は述べて揺るがない。

『日本書紀』をはじめ日本の歴史叙述の伝統では、まず神代の物語があって、次いでそれが人間の歴史に連続する。しかし白石は、「神とは人也」（『古史通《こしつう》』）と力強く断言した。神々の国生みの物語は、「土地を開拓」した古代の記憶の反映であり、神代の物語の全体は、古代の豪族たちの勢力争いの中から、後の天皇家が勝利を収めていく過程の神話的な表現として読むべきものである。

日本の歴史について白石は、『読史余論《とくしよろん》』冒頭において、「本朝天下の大勢、九変して武家の代となり、武家の代また五変して当代に及ぶ」と総括している。ここには、段階を設けることで歴史を対象化させようという意志がある。朝廷の統治は、外戚《がいせき》専権（藤原氏の権力掌握）を「一変」とすることから継起する「九変」によって、武家に取って代わられた。武家の秩序も「五変」を経て、徳川の体制に至った。「九変」の最後は、足利尊氏《あしかがたかうじ》による光明《こうみよう》天皇の擁立であり、「五変」の始まりは、源　頼朝《みなもとのよりとも》の権力樹立であるから、朝廷支配の下降と、武家権力の上昇は重なり合って進行している。

尊氏より下は、朝家はただ虚器を擁せられしままにて、天下はまったく武家の代とはなりたるなり。

ここにも、中国や朝鮮のような王朝交替という画期をもたない日本の歴史において、あくまで権力の交替を客観的に明らかにしようという白石の苦心が見てとれる。歴史を叙述すること自体が、武家政権の正当性を確立するためのイデオロギー闘争である。鎌倉幕府の政治を論じて白石は、北畠親房の『神皇正統記』から「およそ保元平治《ほうげんへいじ》より此かたの乱りがわしさに、頼朝という人もなく、泰時《やすとき》という者なからましかば、日本国の人民いかがなりなまし。此いわれをよく知らぬ人は、故もなく皇威の衰え〔中略〕と思えるは過《あやまり》なり」という一節を強い共感をもって引いている。しかし『神皇正統記』では、ここから歴史を貫く「神」の働きへと話が続くのであるが、白石は「神」に言及することをしない。ここには、「日本国の人民」の生活を、為政者の責任で安定させてこその政治だという儒教的な理念がある。

幕政改革において「鬼」とも恐れられた白石の闘争は、政治とは何かという点でまったく自覚を欠いて武威と慣例に秩序を委《ゆだ》ね、権勢と保身にしか関心のない幕府政治家にも向けられていただろう。頼朝や泰時に匹敵する人物が出て、儒教的な理念に立った政治を実行しない限り、「武家の代」に「六変」目が訪れない保証は何もないからである。将軍への進講のために書かれた草稿をまとめてできたのが『読史余論』であるが、これを学術書として相応しい漢文ではなく、明晰で平易な和文で著したのも、読者の一方に現実の政治家を想定したからではないだろうか。

第7章　町人の思想・農民の思想

農耕も商行為も、列島を舞台として古くから営々として行われてきたはずだが、農業や商業の社会的な意義が主張されるのは、近世の幕が開かれてからである。近世社会の成熟は、農業や商業が、農民や商人にとっての生業（生活のための稼ぎ）としてあるだけではなく、社会を支え、人々の衣食住を成り立たせるために不可欠の労働であるにもかかわらず、それに相応しい尊敬を受けないのはなぜか、そう問いかけることを可能にした。近世という時代の何が、それを可能とさせたのだろうか。

とはいえ、それは平坦《へいたん》な道ではない。「ばんみん（万民）はことごとく天地の子なれば、われも人も人間のかたちあるほどのものはみな兄弟なり」と言った中江藤樹さえも、現実の身分については「聖人は天子のくらいに上り給う。其つぎの大賢人は宰相《さいしょう》となり〔中略〕愚《ぐ》癡不肖《ちふしょう》なるものは農工商の庶人《しょじん》となり」（『翁問答』）と述べていたほどである。賢愚の序列と身分の上下は対応している（対応すべきだ）というのは、東アジア世界を支配した儒教の強固な信念であった。

農業や商業からの自己主張は、人と人は何をもって繋がるのかという問題についても、かつてなかった見方をもたらす。その核心を一言で表現すれば、身分・職域・男女それぞれの役割の結合として社会が成り立っているというイメージであろうか。多様な人々が横に繋がることで、自分たちの生も成り立っているという感覚である。想像を逞《たくま》しくすれば、「お互い様」「お蔭様」というような庶民の通俗的な倫理は、こういう社会イメージを前提に育まれたように思われる。

新たな社会イメージ

石田梅岩《いしだばいがん》（一六八五〔貞享二〕年～一七四四〔延享元〕年）は、丹波国の中農の次男に生まれ、十一歳で京都の商家に奉公に出たが主家の没落により帰郷、二十三歳の時に再び上京して、奉公しながら独学で儒教・仏教・神道を学んだ。一七二九（享保十四）年、四十五歳にして講席を開いた。その時、「何月何日開講、席銭入り申さず候、無縁にても御望の方々は、遠慮なく御通り御聞なさるべく候」、つまり聴講無料、紹介不要という掲示を出したという。

何の後ろ盾もないこの素人学者の講席は、爆発的というほどではないが、それでも確実に京坂地域に教勢を伸ばすことになる。専門の学者は梅岩を相手にしないから、生業の傍らに梅岩の講義に耳を傾けようとする町人たちの層が、梅岩の周囲には成立していたのである。

では、梅岩は何を語ったのか。主著である『都鄙問答《とひもんどう》』を見てみよう。

売利《ばいり》を得るは商人の道なり、商人の買利は士の禄に同じ。

武士は国を治めて「禄」を得る、同じように商人は物を運び、それを売って「利」を得るわけで、その点で同じだというのである。ただし梅岩は、

世間のありさまを見れば、商人のように見えて盗人あり、実《まこと》の商人は先も立、我も立つことを思うなり。

と言って、「盗人」のような商行為を斥ける。商人と屛風《びょうぶ》はまっすぐでは立たないというような俗諺《ぞくげん》さえあったが、梅岩は、口先でごまかしたり、権力と結んで儲《もう》けたり、投機的なボロ儲けをすることが商才だというような発想を嫌った。本来の商行為とは、

天下の財宝を通用して、万民の心をやすむるなれば、天地四時流行し、万物育《やしな》わるると同く相合《あいかなわ》ん。

と言われる通り、それぞれの需要に適《かな》うように物を流通させて人々に満足を与える営みであって、天地の循環に擬《なぞら》えられるべき公共的な行為なのである。

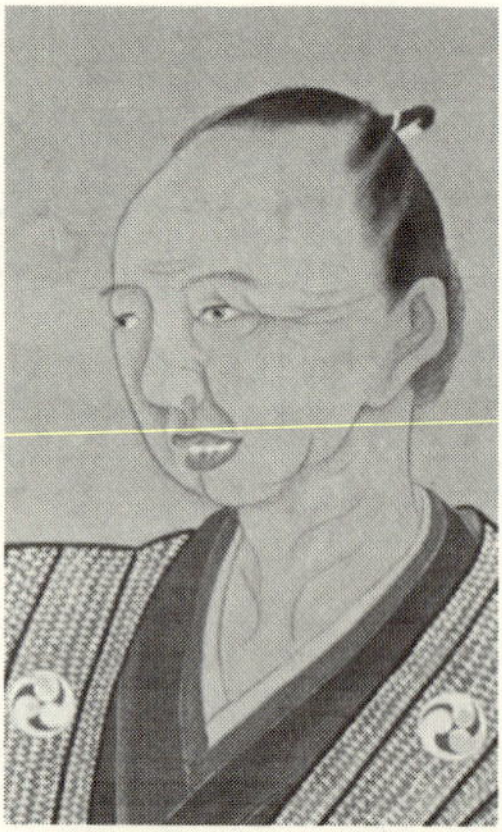

石田梅岩

梅岩は、「人は全体一箇の小天地なり。我も一箇の天地と知らば何に不足の有べきや」と言う。例えば呼吸は、天地（大宇宙）の気の循環を小宇宙としての自分が小宇宙というスケールで取り込むことであって、自己と天地は一体なのである。その一体性を梅岩自身は、生死や主客の対立を超えた禅の悟り（見性《けんしょう》）に近い形で体認《たいにん》している。しかし梅岩は、それを世俗外の世界での悟りとさせるのではなく、具体的な役割を担い合って生きる世俗の場で深めようとする。

> 元来《もとより》形ある者は、形を直《じき》に心とも可知《しるべし》。〔中略〕孑々《ぼうふりむし》水中に有ては人を不螫《ささず》。蚊と変じて忽《たちまち》に人を螫。これ形に由《よる》の心なり。

「形」には、いろいろある。小宇宙としての人間も、現実には、ある「形」（限定）をもって生きている。男であることも女であることも「形」だし、ある身分として生まれ暮らすことも「形」だろう。天地と一体の自己は、その与えられた「形」に徹することで「形に由の心」となりきって、天地との一体性を得る。孑々は孑々に徹し、蚊に変じれば蚊に徹するように。いや、徹するという意識さえそこにはない。梅岩は、それを「私心なし」と言っている。この「私心なし」においては、はじめて「人は全体一箇の小天地」でありうるのだろう。ここから「道は一なり。然れども士農工商ともに各行う道あり」という梅岩の思想が生まれた。そしてそれは、社会についての新しいイメージをもたらす。

士農工商は天下の治《おさま》る相《たすけ》となる。四民かけては助け無かるべし。四民を治め玉うは君の職なり。君を相《たすく》るは四民の職分なり。士は元来《もとより》位ある臣なり。農人は草莽《そうもう》の臣なり。

描かれているのは、君—臣—民という社会構成ではない。また治者の知識労働と被治者（庶民）の肉体労働との断絶した社会像でもない。ここに押し出されるのは、それぞれの「形」をもつ「士農工商」の「四民」は職能として横に並んで、いずれが欠けても社会の必要が満たせないという見方である。士は農工商「三民」の人倫道徳の手本たるべしと説いた山鹿素行がこれを聞いたら、何と言うだろうか。

社会全体を、「士農工商」がそれぞれの持ち場において支え合っている。「君」と「四民」はタテの関係ではあっても、双方の役割が「職」という同じ範疇《はんちゅう》で捉えられている。徂徠が「役」として摑《つか》んだものが、梅岩にあっては「職」として下からの自己主張としてある。

そして、その公共的な全体に関連しては、

唐土に替《かわり》我朝には、太神宮（皇祖神としてのアマテラス）の御末《みすえ》を継《つが》せ玉い御位に立せ玉う。依て天照皇太神宮（伊勢神宮）を宗廟《そうびょう》とあがめ奉り、一天の君の御先祖にてわたらせ玉えば、下万民《しも》に至まで参宮《さんぐう》と云《いう》て、尽《ことごと》く参詣《さんけい》するなり。唐土には此例なし。」とも述べられる。伊勢神宮への参詣は、伊勢参りとして江戸期を通じて盛んであり、しかもほぼ六〇年周期で大量参詣があったことは知られている。ここでは、「下万民」の中に差別や分断がないことが言祝《ことほ》がれているのであるが、アマテラスを祀る伊勢神宮に「下万民」が参詣するのは、アマテラスの子孫が連綿として「君」である日本の国ぶりによるので、中国のような王朝交替の頻繁な国にはないことだと梅岩は言っている。新しい社会イメージの公共的な全体を統合する象徴について、ここに一つの方向が示唆されている。

上層農民の思想

農民が、農耕生活の中で培われた思想を、自分たちの言葉で語ることは多くない。しかし、上納すべき年貢高は村単位で定められ（村請制《むらうけせい》）、徂徠が嘆いたように武士が農村に常駐（土着）することはなく、入会地《いりあいち》の利用、用水や山野の管理、治安や防災など、名主（庄屋・肝煎）・組頭・百姓代など上層の農民たちによって農村は経営されていたから、このクラスの農民の経済的・文化的な能力は高かった。

そうした村の指導層に読まれたであろう教訓書には、「百姓は〔中略〕諸礼・諸芸は不知《しらず》しても恥ならず。心は天子にも替らぬ明徳を具えたれば、不仁・不義は恥也。尤《もっとも》農を怠り貧きは、さし当《あた》る恥にて候」「よき形をしても悪き形をしても百姓は百姓、形は賤《いやし》くても心賢《けん》なれば、位ある人よりも上也」といった言葉が見える（常盤潭北《ときわたんぼく》『百姓分量記《ひゃくしょうぶんりょうき》』）。この書は、「此《この》明徳を仏家《ぶつけ》にては仏性《ぶっしょう》といい、本来の面目といい、神道にては霊《みたまもの》という」として、朱子学（儒教）の言葉である「明徳」を仏教や神道でも補って、朱子学だけを採るわけではない。しかし朱子学を基本としながら、農村指導者としての心得から、家庭道徳、嫁姑《よめしゅうとめ》の問題、祭礼をはじめとした村の行事の執行など、事細かな注意を説いている。

『百姓分量記』の草稿が書かれた同じ年、一七二一（享保六）年、西川如見《にしかわじょけん》（長崎の町人の子、南蛮学統の天文暦算・地理学者。他に『華夷通商考《かいつうしょうこう》』『町人嚢《ちょうにんぶくろ》』を著した）は『百姓嚢《ひゃくしょうぶくろ》』において、農業の意義を、

> 四民は、天尊の御民にて、国王も得て私すべからず。人倫ありて、おのおの所作を営に、先《まず》農業なり。人は食なければ命なし、次に衣なくては人倫にあらず、このゆえに第一に農人出て、穀をつくりて食とし、麻を植て衣となし、衣食ありて後、家宅造りて住所とす、是を人間の三養という。

と説き、華美贅沢《ぜいたく》に流れる世の中だからこそ、質朴で正直な農民らしい生き方に意義があるとした。

安藤昌益の聖人批判

安藤昌益《あんどうしょうえき》（一七〇三〔元禄《げんろく》十六〕年～一七六二〔宝暦十二〕年）は、秋田藩領の二井田《にいだ》村に生まれ、八戸《はちのへ》で医者として暮らし、二井田村に戻ったらしい。『自然真営道《しぜんしんえいどう》』（三巻）が、昌益の著作としては唯一、一七五三（宝暦三）年に刊行されている。主著とすべきは稿本『自然真営道』一〇一巻九三冊であるが、関東大震災で大半を焼失してごく一部が現存するにとどまり、他に『統道真伝《とうどうしんでん》』五巻が写本で遺されている。

昌益の思想は久しく埋もれていたが、狩野亨吉《かのうこうきち》（一八六五〔慶応元〕年～一九四二〔昭和十七〕年。秋田郡大館《おおだて》の人。一高校長、京都帝国大学文科大学初代学長。文部省と衝突し辞職。膨大な漢籍・和本の蔵書は東北大学狩野文庫として残る）によって稿本『自然真営道』が発見されたことで光が当てられるようになり、カナダの外交官であり優れた歴史家であったハーバート・ノーマンが『忘れられた思想家』（岩波新書、一九五〇年）を著したことで広く知られるようになった。

昌益は、

　自然の五倫は、祖父母に父母に吾れに子に孫に各々夫婦にして、一人にして五人なり。此の五人にして一人、一人にして此の五人、対せずという者無し。（『統道真伝』）

と言う。「五倫」は儒教の説く基本的な人間関係で、父子・君臣・夫婦・兄弟・朋友を指すが、昌益はそれを「自然の五倫」と捉え返し、祖父母・父母・吾・子・孫という血縁の系譜として理解し、その血縁の連続は、まずそれぞれの代に夫婦関係があってこそだと論じている。ここに、家族や夫婦に立脚する昌益の思想の特徴がよく示されている。もう一つの立脚点は米の耕作であって、それを昌益は「直耕《ちょくこう》」という言葉で言おうとする。

　自然の真を知る則《とき》は、直耕して春季に蒔《ま》き、夏時に芸《くさぎ》り、秋季に苅り、冬季に蔵《おさ》む。転定《てんち》と与《とも》に同耕し、安食安衣《あんしょくあんい》して無乱無常なり。

「転定」は「天地」のこと。昌益は、身分の上下を根拠付けるために引き合いに出される「天地」の文字を嫌い、あえて「転定」と表記する。ここに描かれたような「自然の真」のままの農耕生活が、人間らしい生活なのである。そこには「乱」もないから、その対となるべき「常」もない。夫婦が一緒になって耕作し、夜は夫婦が交わって子をなす。オランダやアイヌの人々は、夫婦の情が細やかで愛情が深いとも昌益は述べている。人間の精力、とくに夫婦の性の力は、「米」のエネルギーの表れとしてイメージされている。

　穀《こく》の精神自《ひと》り見《あら》われ、男女と生《な》り、終《つい》に感合《かんごう》して子を生む。

また「米とは此身のことなり。此の身は米の精に出ず。故に米は此身なり」ともされる。

昌益は、夫婦が営む「直耕」生活の集合としての「安衣安食」の社会（衣食に不安のない暮らし）を理想としたが、それを壊したのが知識人であり、その典型が儒教にいうところの聖人だとして、類例のない厳しい聖人批判を繰り広げる。

聖人、仁を以て下民を仁《めぐ》むと云う。甚だ私失の至りにて笑うべきなり。聖人は不耕にして、衆人の直耕、転業の穀（天の道に従って収穫した穀物）を貪食《どんしょく》し、口説を以て直耕転職（天職）の転子（天の子）なる衆人を誑《たぶら》かし、自然の転下（天下）を盗み、上に立ちて王と号す。

老荘思想からも、無為自然の大同世界を破壊して、作為的で小賢《こざか》しい道徳や秩序を持ち込んだものとして儒教（聖人）は批判され、『孟子』には、耕作せずに食う儒者を詰《なじ》る農本主義的な人物も登場するから、そういう思想的な背景が昌益になかったとは言えない。しかし昌益の聖人批判を支えているのは、そうした知的で高踏的な議論ではなく、日々の労働に生きる農民がなぜ「安衣安食」できないのかという腹の底からの怒りである。

聖人は理想的な政治の担い手ともされたから、聖人批判は、政治批判にも連続する。

唯一人の人たるに誰を以て上君《かみ》と為し、下臣《しも》と為し、然ることを為して王と為し民と為さんや。〔中略〕転下（天下）は万万人が一直耕の一人なり。之れを盗みて私作の五倫を以て世政と為す故、乱世絶ゆること無きなり。

万人直耕の世界には君臣上下がなかったが、そこに父子（家父長制的な父子関係）・君臣などの「私作の五倫」を持ち込み、それを基準に世を正すことが政治だと考えるから「乱世」

が絶えないと昌益は主張する。孔子は、政治とは何かと尋ねられて「君君、臣臣、父父、子子」(「君、君たり、臣、臣たり、父、父たり、子、子たり」『論語』)と答えていた。君臣関係と父子関係を、その本来の姿にあるように導くのが孔子の説く政治であるが、君臣上下を否定し、夫婦を人倫の基本とする昌益は、それを真っ向から否定する。

二宮尊徳――「人道」と「推譲の道」

二宮尊徳《にのみやそんとく》(一七八七〔天明《てんめい》七〕年〜一八五六〔安政《あんせい》三〕年)は、相模《さがみ》国栢山《かやま》の農家の長男に生まれ、若くして両親を相次いで失ったが、没落した生家の再建を果たし、次いで小田原藩家老の服部《はっとり》家の家政立て直しにも成功し、関東各地を中心に荒廃した農村の復興に手腕を発揮した。

自然の理法を知り、それに従いそれを生かしながら、そこに人間の経験的な知恵を働かせ、「作為《さくい》」(労働)を加えることで「人道」がはじめて成立する、こう尊徳は主張する。その「人道」は、倫理規範ではなく、何より人々の生活である。尊徳は「天地の慈愍《じびん》なければ万物生育せず」(『三才報徳金毛録《さんさいほうとくきんもうろく》』)としながら、

人道は天理に順《したが》うといえども、又作為の道にして自然にあらず。〔中略〕夫《それ》自然の道は万古廃《すた》れず、作為の道は怠れば廃る。〔中略〕夫人道は、荒々《こうこう》たる原野の内、土地肥《ひ》

饒《じょう》にして草木茂生する処を田畑となし、是には草の生ぜぬ様にと願い〔中略〕是を以て、人道は作為の道にして、自然の道にあらず。（『二宮翁夜話《にのみやおうやわ》』）

という。農作業は、太陽や大地、あるいは水、そして穀物の生命力といった自然の「慈愍」を受けとめる営みであるが、それは農民の不断の「作為」があってのことである。自然のままならば、田畑は草だらけになり、土地は瘠《や》せて収穫も望めない。自然の恵みと人間の労働の結合として、はじめて「人道」が成り立つと尊徳は言っている。こうした「人道」の捉え方には、知識人風ではない、田畑を耕作する人々の身体に染み込んだ実感が脈打っている。

その労働は、

祖先の勤功にあらざれば家運の栄昌なし。〔中略〕自己の勤労にあらざれば子孫の豊《ほう》饒《じょう》なし。自己の勤労によって子孫の豊饒に被《およ》ぶ。（『三才報徳金毛録』）

とあるように、祖先・自己・子孫の生活を、より豊かな安定のうちに繋ぐべきものである。豊かでありたいと願うことは欲望であるが、同時に欲望の自制でもある。子や孫の代まで少しでも豊かに暮らしたいという欲望が、人として当然のものとして承認されるから、そのための自己抑制（勤勉や節約など）が説かれることになる。

尊徳はまた「推譲《すいじょう》の道」として、富裕な農民が財を使い尽くすのではなく、「親戚朋友の為に譲る」こと、「郷里の為に譲る」ことの意義を力説し、「老幼多き」「病人ある」「厄介ある」家に財貨を分け与えることを勧めている（『二宮翁夜話』）。武士や町人の間からは、郷里を富ませるために自分の財貨を生かすという思想は出てこない。それは、農民の生活が孤立的なものではなく相互扶助的なもので、繁栄は一村全体の繁栄でなければ本物ではないと考えられたからである。

第8章　宣長——理知を超えるもの

国学は、和歌を中心とした文学の革新運動から起こった。それまで和歌の鑑賞や解釈は、堂上（昇殿を許された貴族。ここでは古今《こきん》伝授を受けた歌学の流派）の秘伝として伝えられ、その権威は有職故実《ゆうそくこじつ》の学問によって守られていた。こういう伝統的な学問に対して、知識の公開性と相互批判（師弟であれ同輩であれ）を重んじながら、立ち戻るべきものとしての日本の「古《いにしえ》」を、文献の正確な解読によって明らかにしようとするのが国学である。

私たちの学んだ国文学や国語学は言うまでもなく、日本史の枠組みをなす制度史、さらに民俗学・神話学なども、この国学の遺産を、近代西洋の学問方法論によって鍛え直したものという性格をもっている。同時にまた、それはナショナリズムの一つの胎動《たいどう》でもあり、主題としての〈日本〉の浮上でもある。国学の描き出した〈日本〉の基底にもまた、互いに分断され対立し合う現実を超えて「古」のあるべき〈日本〉に拠ることで、神と人、人と人との新しい繋がりの形を探ろうとする希求がある。

国学の成立

国学の先駆者としては、契沖《けいちゅう》と荷田春満《かだのあずままろ》を挙げなければならない。契沖(一六四〇〔寛永十七〕年～一七〇一〔元禄十四〕年)は、真言宗の僧侶であるが、徳川光圀の依頼を受けて『万葉集』の注釈書である『万葉代匠記《まんようだいしょうき》』を著した。そこでは、「此の集(『万葉集』)を見るには、古の人の心に成りて、今の心を忘れて見るべし」と、「古」と「今」の距離を踏まえた方法的な自覚が表明されている。京都の伏見稲荷の神職の子である荷田春満(一六六九〔寛文九〕年～一七三六〔元文《げんぶん》元〕年)は、今は衰微してしまった「神皇の教」を明らかにしようとした。春満はまた、『創学校啓《そうがっこうけい》』(啓は上表の文体)を著して、幕府の力で和学の学校を京都に作ることを主張したという。これは、日本の古典を開かれた場で研究しようという姿勢の表明であって、この『創学校啓』においても、「古語通ぜずんば、則ち古義明かならず、古義明かならずんば、則ち古学復さず」として、「古」と「今」の断絶が、まさに言葉の問題として論じられている。

これに続くのが、賀茂真淵《かものまぶち》(一六九七〔元禄十〕年～一七六九〔明和《めいわ》六〕年)である。京都の上賀茂神社の神職に連なる名族で、浜松郊外の岡部社の神職の子である真淵は、まず春満に、後にはその甥で養子でもある荷田在満《かだのありまろ》（一七〇六〔宝永三〕年～一七五一〔寛延《かんえん》四〕年）に学んだ。

在満が、『新古今和歌集』を重んじて和歌の非政治性を主張したのに対して、江戸に出た真淵は、『万葉集』を掲げて和歌の政治的効用を説いたことで注目を浴び、田安宗武《たやすむねたけ》（一七一五〔正徳五〕年～一七七一〔明和八〕年。徳川吉宗の子で松平定信の父）に召し抱えられた。「ことに人の心の悪《あし》き国」である中国に対して、事々しい教えがなくとも自然に穏やかに治まっている国、「天つちのおのずからなるいつらの音（五十音）」が美しく伝わる「言霊《ことだま》の幸わう国」（『語意』）として日本を称える真淵は、『万葉集』の素朴率直で力強い「ますらおの手ぶり」を、日本人の精神として讃美した。

宣長による国学の大成

国学の大成者は、本居宣長《もとおりのりなが》（一七三〇〔享保十五〕年～一八〇一〔享和元〕年）である。宣長は、伊勢の松坂で木綿商を営んでいた小津《おづ》家に生まれたが、商人としての人生は宣長には向いていなかった。二十三歳の時に医者となるために上京し、あわせて堀景山《ほりけいざん》（一六八八〔元禄元〕年～一七五七〔宝暦七〕年）について学んだ。

本居宣長（自画像）

景山は、惺窩の門人であった堀杏庵《きょうあん》の曾孫《そうそん》で、家学としての朱子学を旨としながら、徂徠との書簡の遣《や》り取りもあって、徂徠の方法論（古文辞学）を支持した学者であった。「中華より伝たる古聖賢の書は、皆中華人の語也。古聖賢はことごとく中華人なれば、中華人の語勢と字義とを通達せずしては、何を以て古聖賢の語意を合点すべきぞや」（『不尽言《ふじんげん》』）という景山の議論は、まさに徂徠そのものである。そしてまた、同じ書の中で「ひたすらに武威を張り耀《かが》やかし、下民をおどし、推しつけへしつけ帰服させ」るものとして「武家」を批判し、「日本も王代の時分には、今のように武威を張りし様子にてはなし」と述べている。武家政治に対して批判的な京都人の感覚を、若い日の宣長は身近に知った。

京都時代の宣長は、徂徠と契沖を知り、『排蘆小船《あしわけおぶね》』を著している。五年間の京都遊学を終えて松坂に帰った宣長は、昼は町医者として開業しながら、医業を終えれば『源氏物語』や『伊勢物語』の講義を行い、歌論をまとめ、『紫文要領《しぶんようりょう》』や『石上私淑言《いそのかみのささめごと》』にその成果を著した。よく知られるように、宣長は一度だけ松坂で真淵と直接に面会し、真淵の勧めで

『古事記』の注釈に着手する。こうして三五年を費やして、大著『古事記伝』がなった（完成は六十九歳、全四四巻のうち、巻一七までが生前に刊行されている）。

契沖は「古の人の心に成（る）」ことを説いたが、宣長は、真淵を引きながら、それをまず言葉の問題として捉え返している。

其説（真淵）に古の道をしらんとならば、まず古の歌を学びて、古風の歌をよみ、次に、古の文を学びて、古ぶりの文をつくりて、古言をよく知て、古事記・日本紀（『日本書紀』）をよくよむべし。古言をしらでは古意はしられず、古意をしらでは、古の道は知がたかるべし。（『初山踏《ういやまぶみ》』）

また、「大かた人は言《ことば》と事《わざ》と心と、そのさま大抵相《あい》かないて似たる物にて」とも述べて、「古風の歌」や「古ぶりの文」を作ることで、つまり「古」の言語世界に身を浸すことで、「古」の「心」に接近できるとした。

その時、予見なしに「古」の世界にどっぷりと入ることが大事で、後世ぶりの理解や学者間の通念、とくに理知の力ですべてを割り切っていこうとする発想（宣長はそれを「漢意《からごころ》」と呼んで、その傲慢を嫌う）を捨てることが説かれる。

道を学ばんと心ざすともがらは、第一に漢意儒意を清く濯《すす》ぎ去て、やまと魂をかたくする事を要とすべし。

「やまと魂」は、素直で柔らかな心、おおらかな古来の日本人の姿というほどの意味であろうか。

「もののあわれ」を知る

宣長の思想には、大きく二つの核があるとされる。一つは、『源氏物語』や和歌の研究から導かれた「もののあわれ」論であり、もう一つは、神道に関わって「古道」論と言われる。「もののあわれ」論は、儒教や仏教のような道徳的・宗教的な規範を前提に文学を論じることを戒め、文学の本質が、人間の感情表現にあることを説いたものである。勧善懲悪の立場から『源氏物語』を淫乱《いんらん》の書として排撃したり、最終的には因果応報の理に思いを致して仏教の教えに導くために『源氏物語』が書かれたというような議論が通用していた時代に、宣長の主張は画期的であった。

「もののあわれ」という表現は早くから用いられるもので(『土佐日記』に見え、『新古今和歌集』の歌人である藤原俊成《ふじわらのしゅんぜい》の歌にも「恋せずば人は心もなからまし物の哀も是よりぞしる」とある)、宣長だけのものではない。では、「もののあわれ」と言う時の「もの」とは何か。これは難しい問題で、宣長自身もはっきりと説明はしていない。「もの」とは「個人の力では変えることのできない『不可変性』を核とする」もので、「運命、動かしがたい事実、世間的制約」などのことだとする指摘があるが（大野晋《おおのすすむ》「モノとは何か」『語学と文学の間』岩波現代文庫、二〇〇六年）、傾聴すべき見方だと思われる。

そして宣長は、人間感情のもっとも深いところから湧《わ》き出る身を切るような表現を、恋に見出した。理知的・意志的で自信に満ちた人間であっても、実はその奥には、女々《めめ》しく、おどおどした、好色で愚かな実情が潜んでいるのが人間の本当の姿であり、自分にもどうにもならない弱さ・愚かさに翻弄《ほんろう》されるのが恋であって、恋において、人はもっとも深くしみじみと「もののあわれ」を知る、こう宣長は捉えた。誰かを美しいと思い、心から好きになってしまうという〈動かしがたい事実〉、その事実を前にしての、驚き・不安・喜び・哀しみ・恐れ……そこに「もののあわれ」がある。

恋の歌の多きはいかにといえば、これが歌の本然のおのずからあらわるる所也。すべて好色の事ほど人情のふかきものはなき也。千人万人みな欲するところなるゆえに恋の歌は多き也。（『排蘆小船』）

こうして文学は、「もののあわれ」を描き、「人情のふかきもの」を伝える。背徳の主人公を描いても、そこに人間としての深い真実（「もののあわれ」）が描かれていれば、読者は心を動かされる。なぜ心を動かされるのかといえば、それが自分と無縁の世界のことではないから、つまり現実の自分はそこにいなくとも、それが、そうあるかもしれない自分、そうありたい自分であることを読者が知っているからである。

仏教では「恋」は煩悩（執着）そのものであろう。儒教では、男女が求め合うことは天地陰陽の自然として肯定されるが、なぜ私がこの人を好きになるのかには答えられないし、答えようともしない。つまり「恋」は問題にならない。例えば人妻との恋は、背徳である。人妻が、男を恋しく想うのも背徳であろう。僧侶が恋心を懐くとすれば、それも許されることではない。しかし「あいがたし人のゆるさぬ事のわりなき中《なか》は、ことに深く思いいりて哀のふかき物なり」（『紫文要領』）と宣長は言う。そういう「わりな（い）」恋の切なさ・もどかしさにおいて、その想いを訴えずにいられない時、心を打つ歌が生まれる。それは背徳（裏切り）かもしれないが、抑えようのない恋心の哀切にこそ「もののあわれ」の真髄があって、その「もののあわれ」を「知る」ことが、人間らしい共感なのである。

　人の哀なる事をみては哀と思い、人のよろこぶをききては共によろこぶ、是すなわち人情にかなう也、物の哀をしる也。（『紫文要領』）

『葉隠』は「忍ぶ恋」を称えたが、宣長はそうではない。なぜ、人を好きになるのか。なぜ、恋心を伝えずにはいられないのか。なぜ、それを歌として表現しようとするのか。儒教や仏教がおよそ問題としなかったこと、あるいは次元の低いこととして正面から見なかったことを、宣長は問い続けた。ここに、他の国学者とも違った宣長の真価がある。『源氏物語』を読むということは、「もののあわれ」を「知る」ことで、作者や作中の人物、連綿とそれを読み継いできた人々と共感して深く繫がることなのである。人と人は、理知の力などではどうにもならない、なすすべのないその弱さ・愚かさにおいてもっとも深く繫がる。

不可思議でおおらかな神々

宣長は、こう述べている。

すべて神の道は、儒仏などの道の、善悪是非をこちたくさだせるようなる理屈は、露ばかりもなく、ただゆたかにおおらかに、雅《みやび》たる物にて、歌のおもむきぞ、よくこれにかなえりける。(『初山踏』)

あるいは、

そもそも天地《あめつち》のことわりしも、すべて神の御所為《みしわざ》にして、いともいとも妙《たえ》に奇《くす》しく、霊《あや》しき物にしあれば、さらに人のかぎりある智《さと》りもては、測りがたきわざなるを、いかでかよくきわめつくして知ることのあらむ。(『古事記伝』)

とも言われる。ここで宣長は、神のはたらきが、人間の知恵(理性)を超えたものであることを言っている。理知の延長線上に神々を置いてはならない。善行・正直・誠実に応えて福徳や恩恵をもたらしてくれるもの、寄進・喜捨に応じて幸いを与えてくれるもの、そういうものとしては神々を認めない。当時「正直の頭《こうべ》に神が宿る」とは広く言い習わされていたが、宣長の考える神々は、そういうものではない。人間の行為に帳尻《ちょうじり》の合った形で、神の恵みや罰を捉えることはできない。人間的な世界（道徳や規範）から完全に切り離されて、不可思議なるもの、霊妙なるものとして神々はある。

その意味では〈絶対の他者〉として神々はあって、人間は、そういう神々に包まれて生きる。天地世界のすべては不可思議で霊妙なのであって、人間はその中の小さな存在である。これは、「誰も誰も心をかがみのごとくせば、吾心《わがこころ》則《すなわち》天御中主尊《あめのみなかぬしのみこと》・天照大神《あまてらすおおんかみ》に同じからんか」「一心の理《り》の外《ほか》に異なる神はなし」（度会延佳《わたらいのぶよし》『陽復記《ようふくき》』。延佳は伊勢神道を江戸期に再興した人物）、「心の外に別の神なく別の理なし」（林羅山『神道伝授《しんとうでんじゅ》』。羅山は朱子学の立場から神道を理論化した）といわれるような、自己の心を正しく保つことで神々との合一に至るという、それまでの道徳的な神観念との大きな相違である。

宣長は、

> さて凡て迦微《かみ》とは〔中略〕人はさらにも云ず、鳥獣木草のたぐい海山など、其余何にまれ、尋常《よのつね》ならずすぐれたる徳《こと》のありて、可畏《かしこ》き物を迦微とは云なり。（『古事記伝』）

として、さらに「すぐれたるとは、尊きこと善きこと、功《いさお》しきことなどの優れたるのみを云に非ず。悪きもの奇しきものなども、よにすぐれて可畏きをば、神と云なり」と説明を加え

ている。

しかし単に理知を超えた不思議さを言うだけではなく、宣長は、それを「ただゆたかにおおらかに、雅たる物にて、歌のおもむきぞ、よくこれにかなえりける」としていた。人間は、神々の豊かさ・おおらかさ・雅びなさまを実感し、それを称え、不思議がり、受け取っていく。神々の「御所為」がなぜそうなのかは、人間には分からない。賢くなるということは、往々、事物（神々）の「奇しく、霊しき」さまを受け取る感性が乾燥してしまうことでもあって、「歌のおもむき」に浸るのは、その乾燥から抜け出すことでもあるのだろう。

ニヒリズム

宣長は、

人は死候えば善人も悪人もおしなべて、皆黄泉《よみ》の国へゆくことに候。善人とてよき所へ生れ候ことはなく候。〔中略〕さて其黄泉の国は、きたなくあやしき所に候えども、死ぬれば必ゆかねばならぬことに候故に、此世に死する程悲しきことは候わぬ也。（『鈴《すずの》屋答問録《やとうもんろく》』）

と述べている。『古事記』は、火の神（カグツチ）を生んで死んでしまったイザナミが、黄泉国に赴いたという話を伝えている。イザナギはこれに怒って火の神を殺し、イザナミを連れ戻そうとして、暗く汚い黄泉の国で、腐乱していくイザナミに会うのであった。

宣長はここから、人間も誰であれ、その死後の霊魂は「きたなくあやしき所」としての黄泉国に赴くのだとする。善人が、浄土であれ天国であれ、善人に相応しい所に行けるという帳尻合わせはない。悪人でもまた同じである。あるいは儒教が説くように、気を連続させる子孫によって誠敬を尽くして祭られることで、子孫との交感が叶《かな》うのでもない。想像するさえ不快な黄泉国に、善人も悪人も「必ゆかねばならぬ」のである。人間にできるのは、それを「悲しきこと」として受け止めることだけである。

霊魂の行方について、宣長の中にも揺れがあったのかもしれない。というのは、宣長は遺言で、本居家の宗旨である浄土宗の檀那寺で仕来り通りの葬儀をすることとともに、かねて気に入っていた山室山《やまむろやま》の頂《いただき》近くにひっそりと奥津城《おくつき》（墓）を造り、そちらに遺骸《いがい》を埋葬して、好んでやまなかった山桜を植えるように命じた。これは、自身の霊魂が山室山で安らぐことを望んだものと思われ、黄泉国のイメージと離れてしまう。

おそらく宣長の中には、人間の実存に関わって、深刻な問題が底流にずっと横たわっていたのではないだろうか。宣長は死の問題についても、どうしようもない〈もの〉の前に無力なありようを見つめている。人間は、自分の恋心ひとつさえ、どうにもならない。生においてそうなら、死においてもそうである。道徳や規範、善人であり義人であることは、その前では何の意味ももたない。

ここには、ある種のニヒリズムの問題が潜んでいる。もちろんそれは、日々の生活における道徳や規範、人々の誠実さに不信を向けさせるようなものではない。ただ、弱さや愚かさを抱えながらの、その無力なありように目を凝らせば、人間の実相は、道徳や規範に守られることもなく、頼るべき神の教えなどというものもなく、自身を弁護し正当化する何の言葉ももたずに、ただ一人で〈動かしがたい事実〉の前に立つ、それ以外のものではない。

「皇国」の優越

神々の大きな力に包まれているのが人間であり、神々の計らいは、人間の観念や理性、思慮の及ばない霊妙不可思議なものとしてあると宣長は言う。それは、別に日本だけのことではなく、普遍的な姿として、人間はそういう大きな計らいの中で生きている。ところが、人間は自らの観念や理性によって、世界を解釈し説明し了解しようとする。仏教の教理も、儒教の道徳も、結局は同じことをしようとしているに過ぎない。

幸い日本には、そういう解釈以前の、神々に包まれた人間の真実を伝える伝承がある。

そもそも此道は、天照大御神の道にして、天皇《すめらみこと》の天下《あめのした》をしろしめす道、四海万国にゆきわたりたる、まことの道なるが、ひとり皇国《すめらみくに》に伝われるを、其道はいかなるさまの道ぞというに、此道は、古事記書紀の二典《ふたみふみ》に記されたる、神代上代の、もろもろの事跡のうえに備わりたり。（『初山踏』）

『古事記』や『日本書紀』の伝える神々の物語は、宣長によれば、狭く日本の誕生を説くものではなく、天地（世界）の生成と秩序を明らかにしている。

まず皇国には、天地の判《わか》れし始よりして、国土日月万物の始などまで、其事の詳《つまびらか》に伝わりきぬるは、天照大御神の御生坐《みあれませ》る御国《みくに》として、万国に勝れ、人の心も直かりしゆえ、且は中古迄、中々に文字という物のさかしらなくして、妙なる言霊の伝えなりし徳ともいいつべし。外国《とつくに》は〔中略〕上古の伝え事もさだかならざる也。（『くず花』）

そういう真実は、人々の心が素直で、「文字という物のさかしら」がなく、ただ「妙なる言霊の伝え」として受け継がれてきたから、日本に残っている。文明の優越を誇った中国は、観念や説明の過剰（さかしら）によって、本来なら伝えられていたであろう「上古の伝え事」が、逆に分からなくなってしまったのである。

こうして宣長は、「天照大御神の御生坐る御国」としての日本を「皇国」と呼び、「外国」「異国」との差異を強調していく。

皇国は〔中略〕此四海万国を照させたまう天照大御神の御出生ましまし御本国なるが故に、万国の元本大宗《げんぽんたいそう》たる御国にして、万《よろず》の事異国にすぐれてめでたき〔中略〕格別の子細と申すことをも知るべきなり。（『玉くしげ』）

ちなみに「万の事異国にすぐれてめでたき」の例として『玉くしげ』がまず挙げるのは、太陽（アマテラス）の恵みを受けた米の旨《うま》さである。それはともかく、「皇国」が「万国の元本大宗たる御国」であるのは、忠孝という普遍の道徳律が中国よりも現実に発揮されたから優れているのでもなく、天壌とともに無窮の皇室があるから尊いのでもない。神仏の加護によって国土が守護されているというのでもない。通俗神道家が説くような、男女和合の国だから良いというのでもない。アマテラスの生まれた国として、天地のありよう、神々と人とのありよう、あるべき「人の心」、それらが「古」のままに伝えられているから尊貴なのである。天壌とともに無窮の皇室があるのは、その結果としてのことである。

「委任」論の誕生

徳川将軍の権力が、何に正統性の根拠を置くのかは、実ははっきりしていなかった。並びない武威、公儀のご威光、内乱の時代に終止符を打って泰平をもたらしたという圧倒的な事実、おそらくそれらが、それ以上の根拠を問う必要性を人々に感じさせなかったのだろう。

かつて西川如見は、将軍を天皇の「名代《みようだい》」（『町人嚢』）と見立てたが、白石や徂徠・春台などは、徳川の支配を実質的な新しい王朝の成立と見ていた。闇斎は、地上世界を平定した

「金気武徳《きんきぶとく》の神」（スサノヲ）の功業に擬《なぞら》えて徳川体制を称えたが、その門人の佐藤直方《さとうなおかた》（一六五〇〔慶安三〕年〜一七一九〔享保四〕年）は、白石や徂徠と同じように、そこに儒教の教える易姓革命《えきせい》（天の意志として、残忍不徳の王朝を有徳の王者が打倒して新王朝を開くこと）に通じるものを認め、同門の浅見絅斎《あさみけいさい》（一六五二〔承応《じょうおう》元〕年〜一七一一〔正徳元〕年）は、京都の朝廷が日本史を貫く唯一の主上だと捉えていた。

こうした中、宣長ははっきりと、徳川将軍の権力がアマテラスの計らいとして、朝廷から委任されたことで成り立っていると説いた。

さて今の御世と申すは、まず天照大御神の御はからい、朝廷の御任《みよさし》によりて、東照神御祖命《あずまてるかむみおやのみこと》（家康）より御つぎつぎ、大将軍家の、天下の御政《みまつりごと》をば、敷行《しきおこな》わせ給う御世にして〔中略〕天下の民は、みな当時これを、東照神御祖命御代々の大将軍家へ、天照大御神の預けさせ給える御民《おんたみ》なり。国も又天照大御神の預けさせたまえる御国《おんくに》なり。（『玉くしげ』）

将軍も大名も、朝廷からの委任によって領土領民を支配しているのだが、その朝廷（天皇家）もまたアマテラスからの「事よさし」（委任）によって朝廷たりえていると宣長は捉えている。「此道は、天照大御神の道」とされ、「天照大御神の御出生ましまし御本国」だからこそ「皇国」だとされたように、あらゆる政治秩序の根元にあるのは、ただアマテラスなのである。こうして生まれた「委任」論が、おそらく宣長の想像もしなかった役割を、十九世紀の政治史・思想史の中で発揮することになる（権力を「委任」されたという前提がなければ、大政の「奉還」も版籍の「奉還」もありえない）。

第9章　蘭学の衝撃

地球説や活字印刷術・測量術など、西洋の優れた学問や技術が日本に紹介されたのは、カソリック宣教師たちの時代である。それらは南蛮学と呼ばれたが、一六三〇年代からのいわゆる「鎖国」体制のもとで、その伝統は途切れてしまった。

しかしそれは、西洋からの知識の吸収が止まったということではない。マテオ・リッチをはじめとする中国で活躍した宣教師たちが漢文で著した書物が、厳しい制約を受けながら、日本に舶載されたからである。天地宇宙が法則的に秩序だってあるのは、それが全能の神のなせるわざなればこそというのが宣教師たちの確信であったから、カソリックの教義に及ぶものは注意深く排除されたものの、この確信に裏打ちされた、自然の事象を法則性のもとに分析した自然科学の書物は、漢文という東アジア世界共通の文章語の力によって脈々と読み継がれていた。そして、漢訳洋書の輸入制限緩和という吉宗の政策によって、この傾向は加速された。蘭学は、こうした基盤の上に開花する。

また田沼意次《たぬまおきつぐ》（一〇代将軍家治《いえはる》の側用人、老中）の採った国益重視の開明政策は、蝦夷《えぞ》地開発やロシア交易までも射程に入れようとする積極的なもので、時代の知的な雰囲気も一変した。蘭学の知識を背景とした多彩な思想家が活躍するのは、こうした時代の空気においてである。明治・大正・昭和へと続く「西学東漸《せいがくとうぜん》」の時代が始まった。

『解体新書』の翻訳

蘭学は、オランダを通じてもたらされた西洋学であるが、それは杉田玄白《すぎたげんぱく》らによる『解体新書』の翻訳から始まる。

玄白（一七三三〔享保十八〕年〜一八一七〔文化《ぶんか》十四〕年）は、若狭《わかさ》国小浜《おばま》藩の藩医の子として江戸藩邸で生まれた。一七七一（明和八）年、長崎で求めておいた『ターヘル・アナトミア』（ドイツ人であるクルムスの著した解剖書のオランダ訳本）を手に、千住小塚原《せんじゅこつかっぱら》での死刑囚の解剖に立合い（実際に腑分《ふわ》けをしたのは、穢多と呼ばれた被差別民である）、その書の付図の正確さに驚嘆して西洋医学の水準の高さを認め、翌日から前野良沢《まえのりょうたく》・中川淳庵《なかがわじゅんあん》らと『ターヘル・アナトミア』の翻訳を試み、三年後に『解体新書』（訓点付きの漢文で著された）として刊行した。「艪《ろ》・舵《かじ》なき船の大海に乗り出せしが如く」と自ら振り返って言うその辛苦の様子は、晩年に著された『蘭東事始《らんとうことはじめ》』に生き生きと描かれている（散逸しかかっていたこの書を『蘭学事始』として世に出したのは福沢諭吉《ふくざわゆきち》である）。

　さて、つねづね平賀源内《ひらがげんない》などに出会いし時に語り合いしは、逐々《おいおい》見聞するところ、和蘭実測窮理《オランダじっそくきゅうり》のことどもは驚き入りしことばかりなり。もし直《ただち》にかの図書《ずしょ》を和解《わげ》し見るならば、格別の利益を得ることは必《ひっ》せり。〔中略〕一書にてもその業成らば大いなる国益とも成るべしと、ただその及びがたきを嘆息せしは、毎度のことなりき。

玄白は、蘭学の特徴を「実測窮理」の精密さに認めていた。「窮理」は『易経』に由来する朱子学の概念で、事物に即してその「理を窮める」ことであるが、それが思弁的・抽象的なものではなく「実測」と結びついている。腑分けされたそれぞれの臓器を覗《のぞ》き込んだ（『蘭東事始』の言葉でいえば「観臓《かんぞう》」）玄白らの驚嘆は、どれほどであったろうか。

杉田玄白

　帰路は、良沢、淳庵と、翁（玄白）と、三人同行なり。途中にて語り合いしは、さてさて今日の実験（実検）、一々驚き入る。且つこれまで心付かざるは恥ずべきことなり。苟《いやし》くも医の業を以て互いに主君主君に仕うる身にして、その術の基本とすべき吾人の形体の真形《しんけい》を知らず、今まで一日一日とこの業を勤め来りしは面目もなき次第なり。

医師として、対症療法ができればそれで十分だという考え方を玄白は採らない。「吾人の形体の真形」つまり人体の構造を理解しておくことが必要だというのである。玄白らは、『ターヘル・アナトミア』を翻訳できれば大いに「国益」になると考えたが、ここでの「国」はもはや藩ではない。

西洋の近代科学は物理学を軸に発展したが、蘭学は、こうして医学からスタートする。この理由は単純ではないが、その一つの要因は、江戸の知識人と医学との親しい関係にあるだろう。若い仁斎は、そんなに学問がしたいなら医者になって漢籍を読めばよいと勧められたし（「儒医」という言葉もあった。仁斎はこれを拒否して、周囲との折り合いが一層悪化した）、宣長は、母に勧められて医者となり、医業の傍らに読書生活を続けた。自由に書物（漢籍が中心）を読む暮らしに憧《あこが》れる知識人は、医者として生活を支えることが多かったのである。中国や朝鮮のような科挙社会では、医者は手足を動かす専門（技術）職であり、知識人から見ての地位はそう高いものではない。しかし日本では違った。こういう独特な事情が、蘭学が医学からスタートすることに、どこかで関わっているのだろう（さらに安藤昌益や三浦梅園《みうらばいえん》も、また平田《ひらた》篤胤《あつたね》も医者だったことを考えれば、江戸の思想史と医学の関わりには、さらに考えるべき深いものがある)。

蘭学と漢学・古文辞学

晩年の玄白は、ここまで蘭学が盛んになるとは思ってもみなかったことだとして、こう述べている。

翁が初一念《しょいちねん》には、この学今時《きんじ》のごとく盛んになり、かく開くべしとは曾《かつ》て思いよらざりしなり。〔中略〕今に於てこれを顧《おも》うに、漢学は章を飾れる文ゆえ、その開け遅く、蘭学は実事を辞書にそのまま記せしものゆえ、取り受けはやく、開け早かりしか、また実は漢学にて人の智見《ちけん》開けし後に出たることゆえ、かく速《すみや》かなりしか、知るべからず。

ここには、面白い問題が提示されている。いずれも輸入の学問である漢学と蘭学を比較して、漢学は、遣唐使《けんとうし》の時代から進歩が緩やかなペースだったが、蘭学は玄白の一世代だけで目を見張るほどの急速な進歩を果たした、このように事実をおさえた上で、その進歩の早さは、漢学とは違って蘭学が「実」なる学問だという性格に由来するのか、漢学によって長い間に培われた「智見」(知的蓄積)があったから蘭学が発展しえたのか、どうだろうかというのである。

玄白はおそらく、双方の契機が働き合ったからこそ、ここまで蘭学が発展したのだと言いたいのではないだろうか。『解体新書』が、漢文で訳されていることを忘れてはならない。学術書は、漢文で書かれるべきもので、医者は、漢文を読むのが当然だったのである。「神経」「脳髄」「軟骨」「十二指腸」「盲腸」など、今も普段に使われている医学用語は、彼らの漢語・漢文への素養によってこそ誕生した。

前野良沢（一七二三〔享保八〕年～一八〇三〔享和三〕年）は、豊前《ぶぜん》国中津《なかつ》藩の藩医の養子であり、青木《あおき》昆陽《こんよう》（江戸の魚問屋の子。伊藤東涯に儒学を学び、吉宗の指示でオランダ語を習得した）のもとでオランダ語を学んだ。『解体新書』翻訳グループの中でもっともオランダ語に秀でたが、『解体新書』翻訳者としては名を連ねていない（訳文の完成度を重視する良沢は、一日も早く出版したい玄白と意見が合わなかったらしい）。その良沢は、オランダ語の入門書として『蘭訳筌《らんやくせん》』（後に増補改訂されて『和蘭訳筌《オランダやくせん》』）を著した。「筌」は魚を捕らえる時の竹製のワナ、辞（字）書はテキストを正しく読むため、古文辞に習熟するための道具で、辞書にすべてを求めてはならないという徂徠の編んだ字書『訳文筌蹄《やくぶんせんてい》』を踏まえた書名である。玄白は徂徠の兵学書『鈐録《けんろく》』から影響を受けていたが、蘭学者たちは、徂徠の古文辞学からも深く学んでいた。大槻玄沢《おおつきげんたく》（一七五七〔宝暦七〕年～一八二七〔文政《ぶんせい》十〕年。陸奥《むつ》国一関《いちのせき》藩の藩医の子。後に仙台藩医。玄沢の名は玄白と良沢に負う）は、こう語っている。

漢土の書も、其国音にて直読せざれば、其真の意味は解しがたく、逆読してこれを解するは、実は上すべりの牽強《けんきょう》なりと語りし人あり。西文も、横行《おうこう》こそかわれども、皆従頭直下《じゅうとうちょっか》なれば、これ亦《また》、其類にもあらんか。（『蘭訳梯航《らんやくていこう》』）

「漢土の書」云々は、紛れもなく徂徠の主張で、蘭学者たちはオランダ語の学習にも、徂徠が訓読による漢文学習を批判したと同じ問題があると感じていたのである。『解体新書』の凡例（序文にあたるもので玄白の手になる）にも、「侏㒧《しゅり》」「優柔厭飫《ゆうじゅうえんよ》」「天の寵霊《ちょうれい》」といった徂徠の好んだ言葉がちりばめられていた。

富永仲基の「加上」説

一七二四（享保九）年に有力町人（五同志）の手で大坂に開かれた漢学塾で、町人に対する官許の教育機関として発達したのが懐徳堂《かいとくどう》（「懐徳」は『論語』に拠る）である。富永仲基《とみながなかもと》（一七一五〔正徳五〕年〜一七四六〔延享三〕年）は、その五同志の一人、道明寺屋《どうみょうじや》吉左衛門《きちざえもん》の子として懐徳堂に学んだ。早熟の仲基は、十五、六歳の時に、儒教の教説を批判した書『説蔽《せっぺい》』（今日、伝わらない）を著して師の三宅石庵《みやけせきあん》から破門された。その後、「加上《かじょう》」説を独創し、その視点に立って仏教思想史を構想した『出定《しゅつじょう》後語《ごご》』を著し、さらに『翁の文』によって儒・仏・神の教説を超えた「誠の道」を唱えた。「加上《こうご》」とは、後世になればなるほど、議論は前のものに付加された部分が重なっていくことで精緻《せいち》になり、より古い時代のものを装うようになるという理解である。

諸教興起《こうき》の分かるるはみな、もとそのあい加上するに出ず。そのあい加上するにあらずんば、則ち道法何ぞ張らん。乃ち古今道法の自然なり。しかるに後世の学者、みないたずらに謂《おも》えらく、諸教はみな金口《こんく》親しく説く所、多聞《たもん》親しく伝うる所と。たえて知らず、その中にかえって許多《あまた》の開合あることを。また惜しからずや。(『出定後語』)

「金口」は釈迦の口、「多聞」は釈迦の直弟子。仏教をはじめその他の教えも、まず原型があって、長い時間を経て新しく付加・加工されたものが、さも古いものであることを装いながら広がって今日の教義教説になったというのである。つまり教義や用語法を丁寧に分析していけば、儒教にせよ仏教にせよ、より古い単層の教説と、より後世の複雑な層を区分して、歴史的な形成と発展を跡付けることが可能だとする。

仲基はこういう方法的な自覚に立って、『説蔽』や『出定後語』を著した。とくに『出定後語』は、すべてが釈迦の真説だとされた大乗仏典について、その多くが後世の編纂《へんさん》になることを明らかにしたもので、仏教教学に強い打撃を与えた。

教説が、歴史的に形成されるというだけではなく、精神的な風土によって形作られることにも、仲基は着目している。そこからなされた観察は、民族性への直感的な洞察であり、インドの民族性としての「幻」、中国の「文」、日本の「絞《こう》」として定式化された。

道を説き教えをなすは〔中略〕みな必ずその俗によって、もって利導す。〔中略〕竺人《じくじん》の幻における、漢人の文における、東人の絞における、みなその俗しかり。

「幻」は空想癖、「文」は装飾癖。「絞」は、懐の深さや長期的な見通し、スケールの大きさに欠けるということであろう。仲基のこういう思索は、その言語論にも生かされて、「言に人あり」「言に世あり」というテーゼにまとめられた。同じ言葉でも、人により時代により、その意味は同じではないということであり、さらに「言に類あり」、言語の展開は「張」（拡張）、「偏」（固着）、「泛《はん》」（一般化）、「磯《き》」（限定）、「反」（反転）というように類型化されると論じている。こういう着眼を武器として、仲基は、教説の文献的な批判を行った。

仲基からは離れるが、テキストへの歴史的・批判的な接近は、神道の世界でも見られる。吉見《よしみ》幸和《ゆきかず》《よしかず》（一六七三〔延宝元〕年～一七六一〔宝暦十一〕年）は、尾張の東照宮の神職の子で垂加神道家であるが（闇斎の神道説を継ぐのが垂加神道）、一七三六（元文元）年に『五部書説《ごぶしょせつ》弁《べん》』を著した。この書で幸和は、奈良時代成立の古書とされた伊勢神道の聖典である「五部書」（『倭姫命世記《やまとひめのみことせいき》』をはじめとする五つのテキスト。ただし「五部書」という呼称は、これを尊重した渡会延佳や山崎闇斎による）が、実は鎌倉時代に入ってから、伊勢神宮の外宮《げくう》の神職によって作られたものであることを明らかにした。伊勢神宮は内宮《ないくう》と外宮から成り、アマテラスを祀る内宮に対して、外宮は穀物の神トヨウケを祀っていた。伊勢神道は、主に外宮によって唱えられた神道で、「五部書」を奔放に解釈してトヨウケの神格を上昇させたものだったから、幸和の文献批判は、伊勢神道の理論的基盤を揺るがすものになる。仲基のように、「加上」という一般的な方法論の定立には至らないものの、神道の古典についても、こうして合理的で実証的な解析がなされるようになっていた。

三浦梅園の方法論

三浦梅園（一七二三〈享保八〉年〜一七八九〈寛政《かんせい》元〉年）は豊後《ぶんご》の医者で、百科全書的な知識人であった。二十三歳で長崎に遊学、その後はほとんど独学で、湯若望《とうじゃくぼう》（イエズス会の宣教師、アダム・シャールの漢名）『天地図』、游芸《ゆうげい》『天経或問《てんけいわくもん》』、方以智《ほういち》『物理小識』など清代の西洋自然科学書に学びながら、体系的で独創的な自然哲学を構築した。その哲学の全貌は、『玄語《げんご》』『贅語《ぜいご》』『敢語《かんご》』の三著に述べられ、経済理論を説いたものに『価原《かげん》』がある。

梅園の方法的な自覚の鋭さは、「多賀墨郷《たがぼくけい》（卿）君にこたふる書」に窺うことができる。私たちが「天地の条理」を捉えられないのは、「なれ」ることで（「見なれ」「聞なれ」「触なれ」）不思議を不思議と思わなくなってしまうからだ。天地の事物を事物のままに即物的に捉えて、それは何故《なぜ》かと疑うことが大切だと梅園は言う。簡単に「合点」してはいけない。

かく物に不審の念をさしはさまば〔中略〕ひとつとして合点ゆきたる事はあるまじく候。それを世の人いかがすますとなれば、筈《はず》というものをこしらえて、これにかけてしまう也。

梅園は、こんなことを言う。春になって花が咲かないと、人は不思議に思ってそれを話題にするが、春になれば花が咲くことを不思議に思うことが大事ではないか。春が来れば花が咲く「筈」だ、これで済ませては話にならない。「此天地をくるめて一大疑団となしたき物に候」と述べる梅園は、大胆にもこう言う。

天地達観の位には、聖人と称し仏陀《ぶつだ》と号するも、もとより人なれば、畢竟我講求討論の友にして、師とするものは天地なり。

梅園は、物を物として見るという点で明らかに徂徠を受けて、かつ宣長と同じ問題に立っている。梅園と宣長が、同時代人として生きたことは偶然ではない。惰性や常識から出て、物を物として見たならば、私たちの生きている世界自体が不思議に満ちているという発見が、宣長にも梅園にもある。

そこから（宣長は神々の世界に向かい）梅園は、「天地の条理」をいかに捉えるのかと進む。「一大疑団」としての「天地」を、どのように捉えるべきだろうか。

天地の道は陰陽にして、陰陽の体は対して相反す。反するに因《より》て一に合す。天地のなる処なり。反して一なるものあるによりて、我これを反して観合《みあわ》せて観て、其本然を求むるにて候。〔中略〕反観合一は、則ちこれ（条理）を繹《たず》ぬるの術にして、反観合一する事能《あた》わざれば陰陽の面目をみる事能わず。

「陰陽」という伝統的な範疇を用いながら、「反観」、広く客観的に対象を観察してその矛盾や対立を解きほぐす中から、それを高い次元で止揚する「一」を突き止めていく方法によって、「陰陽の面目」に接近できると梅園は論じている。事象を集め分類する博物学的な見方にとどまらない方法論がここにはある。

司馬江漢の社会批判

司馬江漢《しばこうかん》（一七四七〔延享四〕年〜一八一八〔文政元〕年）は江戸の生まれで、洋風画家である。平賀源内と親交をもち、秋田蘭画の小田野直武《おだのなおたけ》（秋田藩士。『解体新書』の図譜を描いた）や佐竹曙山《さたけしょざん》（秋田藩主である佐竹義敦《よしあつ》の画名）からも影響を受け、一七八三〔天明三〕年、大槻玄沢の協力により、わが国で初めてエッチング（腐食銅版画）の制作を試みた。蘭学への関心も深く、西洋の天文学・地理学を好み、地動説をはじめ蘭学の成果を啓蒙的に普及させる多くの著作を著した（天文学では『和蘭天説』、地理学では『和蘭通舶《つうはく》』があり、他に『西洋画談』なども著した。なお地動説は、一七七四〔安永三〕年、『解体新書』刊行の年に本木良永《もときりょうえい》《よしなが》の

『天地二球用法』によって初めて紹介された）。

その江漢は、例えば「西洋の諸国は、武を以て治る事は、甚《はなはだ》いやしめり、只徳を以て治る事なり」（『おらんだ俗話』）、「欧羅巴《ヨーロッパ》諸国皆文学（学問）を尚《たっと》み、国王一国一郡に学校を設け〔中略〕又病院あり、貧院あり」（『和蘭通舶』）というように、西洋の文化や制度を模範に掲げて、返す刀で日本人の欠点を批判する。

　吾国の人は、万物を窮理する事を好まず、天文、地理の事をも好まず、浅慮短智なり。

（『春波楼筆記《しゅんぱろうひっき》』）

また西洋の絵画を見るに、人が人を担ぐ（駕籠《かご》）ような卑屈な光景はないと論じ、それが日本の身分制度への批判に連続する。

　上天子将軍より下士農工商非人乞食に至まで、皆以て人間なり。

江戸の思想史において、人間の本質は平等だという発言は必ずしも稀ではないが、江漢は、他人に担がれたりせずに自分の足で歩けという、まさに世俗生活のありようとして平等を言っている。そして日本人の「浅慮短智」が、身分制度を長らえさせているとも言う。

しかし江漢の鋭利な社会批判は、ある屈折を余儀なくされる。例えば、

　人といえども天の大なるより引別《ひきべつ》して（比較して）考れば、寔《まこと》に小虫にも比しがたし。然れども人間の量けん（了見）にては、人は長生するように思えども、実に秋の蟬《せみ》の春

をしらず、菌の朝生て晩に枯るようなもので、一生を経るは忽《たちま》ち也〔中略〕此地球に
悉《ことごと》く人間と云虫を生じて、其数無量なり。（『独笑妄言《どくしょうもうげん》』）

というような言い方や、「つるんでは　喰てひりぬく　世界虫　上貴人より　下乞食まで」という戯歌《ざれうた》にも見られるように、人間など所詮《しょせん》はかなく愚劣な「虫」だというような虚無と諦観《ていかん》の世界に江漢は惹かれていく。

都市の知識人たち

この他にも、平賀源内（一七二八〔享保十三〕年～一七七九〔安永八〕年）や山片蟠桃《やまがたばんとう》（一七四八〔寛延元〕年～一八二一〔文政四〕年）といった、旧来の学問の型に収まらない知識人が、社会的な制約をものともせずに活躍する。

源内は、讃岐《さぬき》に足軽の子として生まれ、長崎で学び、大坂・江戸に出て物産会や薬品会を開催し、その成果を『物類品隲《ぶつるいひんしつ》』にまとめ、また長崎に行きドドネウス『本草誌』の翻訳を促し、秋田藩で銅山や亜鉛鉱山の開発を手がけ、蘭画の技法を伝えている。江戸参府のオランダ人とも接触して、同時に、『風流志道軒伝《ふうりゅうしどうけんでん》』や『根南志具佐《ねなしぐさ》』などの戯作の作家でもある。

蟠桃は、播磨《はりま》の農民の子に生まれ、大坂に出て商家の番頭となって主家の経営を立て直し、

さらに仙台藩や豊後国の岡藩の藩財政の再建を請け負った。懐徳堂で中井竹山《なかいちくざん》（一七三〇〔享保十五〕年～一八〇四〔享和四〕年）・履軒《りけん》（一七三二〔享保十七〕年～一八一七〔文化十四〕年）の兄弟に朱子学を学び、麻田剛立《あさだごうりゆう》（一七三四〔享保十九〕年～一七九九〔寛政十一〕年。豊後国杵築《きつき》藩儒で藩主の侍医。天文学研究のために大坂に出奔した）について天文学を修め、

西洋欧羅巴の国々において、その実地を踏《ふま》ざれば、図にせずいわず、天文のごときは、海外諸国に往来し測量試識《しき》してこれを云〔中略〕ゆえに梵（インド）・漢・我邦のごとき虚妄の説はあることなき也。（『夢の代《しろ》』）

として、実証的な西洋の学問と比べての日本の学者の「虚妄」を批判した。蟠桃は、霊魂の存在や怪異の現象を信ぜず、記紀神話を「空虚」とし、宣長の『古事記伝』も「牽強付会」で「愚」なるものと切って捨てている。

江漢もそうだったが、専門の蘭学者より、蘭学に衝撃を受けてそれをバネに個性的な思想を形成した人物において、徹底した批判精神が発揮される。彼らは、いずれも強烈な自我意識をもって、自らの才能を開花させるべき場所を積極的に開拓していく。そして、実によく歩きまわっている。一ッ所にとどまっていられない何かが、彼らを内側から突き動かしているのであろう。何であれ、実際に見てみないと気が済まない。これは、仁斎・徂徠・宣長といった思想家との決定的な違いである（益軒はまめに旅をしているが、それはすでに身に付いた

方法によってその素材を集めるためのもので、穏やかで安定したものだった）。異能を求め合うと言うべきか、例えば江漢は、「（海保《かいほ》）青陵《せいりょう》と云儒者は〔中略〕甚だおもしろき人なり〔中略〕蘭説窮理を以て支那の書を訳し」（『無《む》言道人筆記《げんどうじんひっき》』）と評しているが、その「おもしろき」を求め合うのである。そしてその裏には、これまでの人倫的な繋がりから切れた者としての意識がある。江漢の言葉を聴こう。

　天地は無始にして開け、其中無始にして人を生じ、是より先、無終の年数に人を生ずる事、無量なり。其中我と云う者は、予一人なり。親兄弟ありと雖《いえど》も、皆別物なり。
（『春波楼筆記』）

源内が、戯曲『根南志具佐』の中で言わせる「心合ざれば親子兄弟も仇敵のごとく、心が合えば、四海みな兄弟ともなり若衆ともなる」という台詞《せりふ》、江漢が青陵の言葉として書き残した「吾親族もなし、死たらば火葬にして其骨を粉となし、大風時を俟《まち》て天へ吹散しめよ」という遺言も同じであろう。都市に生きる才能には、鬱勃《うつぼつ》たる野心、通り一遍の形容では尽くせない好奇心、既成のものすべてへの不信と反抗、自分で自分をもてあます苛立《いらだ》ち、狂おしいまでの孤独感、時代や人々への絶望、韜晦《とうかい》や虚無への傾斜、分かり合える友を求める気持ち、これらが激しく渦巻いている。

既成の枠組みに収まらない彼らが信じるのは、ただ〈物〉の世界である。古典の中に答え

があるとはまったく考えない。『夢の代』の結びに置かれた蟠桃の戯歌二首には、

地獄なし　極楽もなし　我もなし　ただ有ものは　人と万物
神仏《かみほとけ》　化物《ばけもの》もなし　世の中の　奇妙ふしぎの　ことは猶《なお》なし

とある。人体の「実測窮理」、価値的な関与を斥けたテキストの言説分析、「一大疑団」としての天地、天文現象、そして植物・動物・鉱物・薬物……〈物〉から遊離した理屈は虚妄であり、虚妄な理屈が偽りの社会を支えている、彼らはそう憤っている。

第10章　国益の追求

商業の発達と都市的な人の交遊、そして蘭学の衝撃は、旧来の枠を一気に飛び越えた自由な知識人を生んだだけではない。「経世済民」の実学も、儒教的なエトスによるものから、〈日本の後《おく》れ〉を克服するという危機意識に立つことで、西洋をモデルとして大胆に制度や価値観の転換を主張するものへと変化し、それはまた幕末に近づくほど軍事技術の導入という契機を強めていく。農本主義的なモデルは放棄されて、市場主義の発想が押し出されてくる。これによって、それまでの学問や思想が身に帯びていた倫理的な使命感は拭《ぬぐ》い去られ、国家利益の公然たる追求を価値とする思考法が打ち立てられた。

国益の追求は自己目的であって、あらゆる制度や学問には、そのための手段として有用であることが求められる。政治体制や武士の存在にも、国益の観点から容赦ない批判が加えられる。

海保青陵――売買は天理

江漢が「甚だおもしろき人」と評した海保青陵（一七五五〔宝暦五〕年～一八一七〔文化十四〕年）は、丹後《たんご》国宮津《みやづ》藩の家老の子として、江戸で生まれた。丹波《たんば》国篠山《ささやま》藩に仕えたこともあったが致仕、その後は自由な旅人として関東や北越の各地をはじめ旅を繰り返し、晩年は京都で塾を開いた。師は、徂徠学派の宇佐美《うさみ》灊水《しんすい》である。十六、七歳の頃に桂川《かつらがわ》家に寄宿し、一歳年上の桂川甫周《ほしゅう》（オランダ外科を学び幕府に仕える。『解体新書』翻訳メンバーの一人）と交わった。とくに一八〇五（文化二）年、加賀で一年余りを過ごし、財政難に直面した武士や商人に対して経営コンサルタントのような活動をした。各地の豪農や豪商がスポンサーだったらしい。

青陵にとって旅は、見聞を広めるもの、物事を相対的に見る視点を養うものでもあった。「已れが国を小さう見ることを修《おさめ》んと思わば」、つまり自分の国を対象化して見るためには、「他国へ出て、両三年も他国人になるにしくはなし〔中略〕各国の風俗は各国の癖なり、いずくの国にもあるなり」（『経済話』）、他国の「癖」を体験することで自国の「癖」も分かってくるのだという。江戸という町の「夷《い》なる事」（『東贐《あずまのはなむけ》』）を知ったのも、伊勢への参宮をきっかけに畿内を歩いたからだと述懐している。

青陵は、徂徠の唱える礼楽制度論が、もはや現実に対して無力であると見極めることから思索を始めた。

> 先王の礼楽刑政いうて見れば、見事なるばかりにて今の世に用にたたず、真のひまつぶしなり。言て見れば、玩弄物《がんろうぶつ》なり、子供遊なり。（『万屋談《よろずやだん》』）

では「今の世」を動かしているものは何なのか。青陵によれば、それは「経済」である。「経済」は「経世済民」の略語として、社会を公平に運営して民衆を生活の苦難から救済するという、エリートを担い手とした倫理的な性格を帯びていた（それ以前の用例もあるが、この語が一般化したのは太宰春台の『経済録』からであろうか）。しかし青陵の言う「経済」は、商売という意味に近い。「阿蘭陀は国王が商いをする」と説いて、「物を売て物を買は、世界の理也」（『稽古談』）とする青陵は、

> 米を売るは商賈《しょうこ》也。大国の大名より皆商賈中の人なり。商賈中の身分で居ながら商賈を笑うゆえ〔中略〕貧になる筈の事也。（『善中談《ぜんちゅうだん》』）

と言う。大名や武士は、自分の生活が米（年貢米）の売り買いによって成り立っているにもかかわらず、売り買いを下等な行為のように思って軽蔑《けいべつ》している。しかし、そのように軽蔑している商人から、借金をしていない大名はいくらもいない。売り買いの連鎖こそ、「今の

世」を動かしている力だと見る青陵は、「売買は天理也」と喝破し、武家社会の君臣関係も、一種の売り買いではないかと主張する。

古えより君臣は市道《しどう》なりと云也（『史記』）。臣へ知行をやりて働かす、臣はちからを君へうりて米をとる、君は臣をかい、臣は君へうりて、うりかい也。うりかいがよき也。（『稽古談』）

「うりかいがよき也」とは、情誼的《じょうぎ》・心情的、あるいは倫理的な要素をそこに入り込ませることなく、相互契約としての割り切った君臣関係が望ましいということであろう。君臣関係でさえ本質は「うりかい」なので、そこから目を逸《そ》らすなというのである。

青陵は、

凡そ沢山に取れるものを、もっと沢山にとらせて、かっと大廻しにまわすこと経済也。〔中略〕珍らしき品をまわすなどということ、大きに小さきこと也。ずんと珍らしからぬ、いくらでもある品を沢山にまわすべきこと也。（『陰陽談』）

として、「産物廻《まわ》し」が経済のあるべき姿だとする。珍しい品だから「廻（す）」のではなく、日常生活に必要な品々をこそ、「日本国中にて昆布をくわぬ処なし、数の子をくわぬところなし、皆松前《まつまえ》（蝦夷地南端の和人定住地域）よりまわる荷也」（『陰陽談』）とあるように、大きなスケールで流通させるのである。

さて、青陵は「後の儒者は〔中略〕富国の事を嫌ふ、富国は悪敷《あしき》事也といふ也」（『養蘆《ようろ》談《だん》』）として、儒者には「富国」（国を富ませる）という発想がないと批判する（青陵の前には、春台が『経済録』で「富国」を論じだしたに過ぎず、蕃山や徂徠に「富国」の視点は見えない）。これは、青陵に、農村からの発想がないことと関わっている。倫理的な色彩を帯びた農本主義に、青陵は何の関心ももたない。

本多利明――カムチャツカ国家建設

浅間山の噴火なども一つのきっかけとなって、一七八三（天明三）年から五年ほど、東北地方一帯で厳しい飢饉が起こり、例えば弘前《ひろさき》藩では六万人余が、盛岡《もりおか》藩では五万人近くが餓死したとされている。本多《ほんだ》利明《としあき》（一七四三〔寛保《かんぽう》三〕年～一八二〇〔文政三〕年）の思想の原点は、奥州への旅によってこの飢饉を実際に見たことにあった。利明は、この飢饉で二〇〇万人の餓死者が出たものと思い込んでいるし、旅の途中で人肉食の話を土地の人から聞かされたことも、主著である『西域物語《せいいきものがたり》』から窺える。

その利明は、出身の階層などは不明であるが越後の人で、数学・天文学・暦学・地理学などを広く学び、山村才助（玄沢門下の地理学者）や司馬江漢らとも親交をもって江戸で塾を開いた市井の学者であった。

農民餓死して良田畠《よきでんぱた》を亡処《ぼうしょ》となせしは、誰が過失とならん、皆国君の罪科《つみとが》に帰すべし。
（『経世秘策《けいせいひさく》』）

という主張、とくに「国君の罪科」という強い言葉には、天明の飢饉での見聞のショックが感じられる。では、国君は何をなすべきなのか。

国君の国務は〔中略〕国家の益を取るを主とせり。〔中略〕渡海・運送・交易は国君の天職なれば商民に任すべきに非ず。（同）

「渡海・運送・交易」を推進せよとは、利明の繰り返す議論であるが、ここにも農本主義的な発想は見られない。「農民餓死して良田畠を亡処となせしは」という問題意識と、この「渡海・運送・交易」の間には距離があるようにも感じられる。しかし利明は、農本主義では農村も立ち直れないと考える。農業をはじめとする産業のために、国君が発揮すべき指導性はどこにあるのかという発想が優先されるべきで、国内産業を支える大きな枠組みを「渡海・運送・交易」の発展に見出しているのである。

利明の見るところ、西洋（「西域」）の制度がそうである。「交易は海洋渉渡《しょうと》するにあり。海洋渉渡は天文・地理にあり、天文・地理は算数にあり。是則国家を興すの大端也《おおはじめ》」（『西域物語』）として、ここを洞察して国家を興隆に導く国君を「大豪傑」と呼んでいる。利明のイメージの中には、ロシアのエカテリナ二世があったらしい。国家を興す学問の根本は「算数」だという把握も、儒教を基盤としたそれまでの経世済民の学との違いを如実に語っている。

利明の目は、カムチャツカ半島を中心とした北方に向けられる。この一帯は、緯度から見ればイギリスと同じであるから、気候や風土も似ているはずで、ここを「開業」させれば、現在の日本全体の「国産」に相当するものが得られるだろうと論じる（『西域物語』）。放置しておけば、みすみすロシアに占有されてしまうが、日本が積極的に「開業」させれば、まだ日本に帰する可能性があるとする。そして、カムチャツカに理想の国家建設の夢を託すのである。

> 大日本国の号を東蝦夷《ひがしえぞ》の内カムサスカの土地に移し、（今の日本の地は）古日本国と号し、（カムサスカに）仮館《かりのやかた》を居《おき》て郡県を置、諸有司を副《そえて》、士人を介抱し〔中略〕郡県有司の選挙は大身、小身、陪臣、庶人、匹夫を嫌《いと》わず、望あるものを挙用《あげ》ゆべし。（『西域物語』）

蝦夷地の開拓を説く議論は、工藤平助《くどうへいすけ》（一七三四〔享保十九〕年～一八〇〇〔寛政十二〕年。仙台藩医）や林子平《はやししへい》（一七三八〔元文三〕年～一七九三〔寛政五〕年。幕臣の子。姉は仙台藩主の側室。仙台藩士である兄の厄介となって松前・江戸・長崎などを遊歴）を先駆とするが、利明はさらに視野を広げて、カムチャツカに「大日本」を名乗らせ、有能な官僚たちを身分を問わずに登用して「郡県」、つまり集権的な国家を作るというのであり、そのモデルはオランダだという。

その一方で利明は、武国としての日本の伝統を讃美してやまない。秀吉がもう少し長寿であったら、「支那までも日本の属国となるべき勢い」(『経世秘策』)であったのにと述べる利明は、

(日本は)小国たりといえども神武《じんむ》(記紀の伝える第一代天皇)の垂訓に依て武道を失わず、故に今に至て他より侵《おか》し掠《かすむ》る事なし。誠に目出度《めでたき》風俗也。(『西域物語』)

とする。ここには、強い国家こそ国家だという思考が隠すことなく表明されている。

佐藤信淵──中国・朝鮮の支配構想

佐藤信淵《さとうのぶひろ》(一七六九〔明和六〕年~一八五〇〔嘉永《かえい》三〕年)は出羽《でわ》国の人で、自ら言うところでは、一七八一(天明元)年、父に従って関東・東北・蝦夷地を巡見して、天明の飢饉の惨状を詳しく実見したという。江戸に出て、宇田川玄随《うだがわげんずい》(玄白・良沢・甫周らに蘭学を学んだ。初の蘭日辞典である『ハルマ和解《わげ》』翻訳グループの一人)に蘭学と本草学を学び、一八一五(文化十二)年、平田篤胤に入門した。篤胤は七歳の年少に当たるが、信淵の思想には、篤胤から受けた神話的な宇宙生成論や霊魂観からの影響が大きい。

信淵は、『古事記』で最初に登場する神であるアメノミナカヌシを、天地宇宙の「造化」をなす大いなる神として、アメノミナカヌシの「産霊《むすび》」のエネルギーが、天地宇宙の根源にあると主張した。

天御中主神《あめのみなかぬしのかみ》は造化の大始なれば、凡そ神祇《じんぎ》の中に於て最上無類の尊神なり。〔中略〕此全世界は〔中略〕天御中主神の化生したる卵なるが故に、高御産巣日神《たかみむすびのかみ》以下の諸神は皆其殻内に在れども、此大神ばかりは六合《りくごう》（世界）の外に在るかも未だ知るべからざるなり。〔中略〕蓋《けだ》し産巣日とは、其徳万物を産育するの霊妙なるを称する語にて〔中略〕凡そ宇内の運動して万物化育し、人神の滋息蕃衍《じそくはんえん》すること、皆産霊の神徳に頼る。（『天《てん》柱記《ちゅうき》』）

そして、日本が「大地の最初に成れる国」として「世界万国の根本」であるから、「全世界悉《ことごと》く」を「郡県」となし、「万国の君長」を「臣僕」として従えて、万国の頂点に立つべき使命をもっていると力説する（『混同秘《こんどうひ》策《さく》』）。構想は、さらに具体的に膨らんでいく。

他邦を経略するの法は、弱くして取易き処より始るを道とす。今に当《あたり》て、世界万国の中に於て皇国よりして攻取《せめとり》易き土地は、支那国の満洲より取易きは無し。〔中略〕満洲人は躁急《そうきゅう》にして謀《はかりごと》に乏《とぼし》く、支那人は懦怯《だきょう》にして懼《おそ》れ易し。〔中略〕夫啻《それただ》に満洲を得るのみならず、支那全国の衰敗《すいはい》も亦《また》此より始る事にして、既に韃靼《だったん》を取り得るの上は、朝

鮮も支那も次で而《しか》して図るべきなり。（同）

ここには、満洲を奪い、それを足がかりとして中国の衰弱をさそって鞘鞬を取り、最終的には中国・朝鮮の全土を手に入れようとする構想が明け透けに語られている。しかも信淵は、軍事的手段を使って、相手を殺戮《さつりく》してでも目的を果たすべきことを主張する。

信淵は、このような強権的な国家を作るために、国内の政治体制を中央集権的な専制体制（郡県制度。利明のカムチャツカの理想国家も郡県だった）にしなければならないと考えた。それは、神祇台・教化台・太政台《だいじよう》の三台を置いて、その下に本事府《ほんじふ》（農業）・開物府《かいぶつふ》（鉱業と林業）・製造府（工業）・融通府（商業）・陸軍府・水軍府の六府を置き、人々を「草・樹・鉱・匠・賈《こ》・傭《よう》・舟・漁」の八つの職業に区分させてその管轄に配当するという整然たるものである（『垂統秘録』）。

富国・強国・脱亜への志向

青陵と利明の二人はほぼ同時代を生き、信淵は次の世代である。青陵は、若い日に蘭学者である甫周との交流はあったが、むしろ文人的な素養の深い人物だったらしい。世界観としての儒教には何の興味も示さないが、自分を文章家だと考える青陵は「文」の価値に信頼を置き、「治世には武士は入らぬもの也」と言ってのけて、今の飾り物（まるで「破魔弓《はまゆみ》」だと青陵は譬《たと》える）のような武士では、かりに「乱世」になっても、何の役にも立たないとも言う（『稽古談』）。利明は、「阿蘭陀有用の実学」「実測の実学」に心酔して、儒教をはじめとする伝統的な学問へは関心を向けない。信淵は篤胤の門人として、天文学を核とした蘭学の知識を融通無碍《ゆうずうむげ》に組み込んで、国学の世界観を膨らませていった。

この三人を並べる時、営利の追求をよしとしない倫理的な農本主義の発想から切れて、「国益」（この語を儒教の古典に見ることはできない）の追求という太い線があることに気付くし、そして利明から信淵へと進めば、「国益」と一体の関係でもって「武国」「強国」への傾斜が加速する。

大雑把な議論になるが、儒教の論理からは「武国」「強国」への志向は出てこないのではないだろうか。〈武〉に対して〈文〉に価値を置くのが儒教であり、〈文〉の力によって民を教え導くことが政治（君主ないしエリート）の本質的な役割だと考えるからである。益軒や安貞の実学はこういう価値観・政治観を背景としていたが、青陵は、もはや国君の徳望や教化などには何も期待しない。青陵は、中国を「支那」と呼び、「天竺のかたすみ」の「貧」で「淫」の国としてイメージした（『善中談』）。利明や信淵も、中国を「支那」と呼んでいる。蘭学者は、西洋の発音（China）を受けて「支那」の語を好んだが、そこには、中国（漢民族）を文明の中心（淵源）とする感覚が完全に振り落とされているばかりか、文弱の国、異民族に侵されるままに誇りを失った民族というイメージが付きまとっている。

　蘭学者の中からは、オランダを通じて西洋の文明を積極的に吸収している日本こそが、停滞しているアジアをリードすべき使命をもつ国だと考える者も現れる。例えば玄白は、「カムシカツトカより南」を虎視《こし》眈々《たんたん》と窺っている、人間でいえば「血気壮《さかり》の最中」とでも言うべきロシアに対して強い警戒感をもち、万一にも日本がロシアと戦うことになれば、「老廃」の日本の武士では勝負にならず、「東国大名、年々の戦に軍役労《つか》れ果《はて》、内証（一家の財政）尽《つき》果《はっ》る時は〔中略〕恐らくは内乱生ずべし」（『野《や》叟独語《そうどくご》』）とまで危惧《きぐ》した。そして玄白は、武士を都市の享楽的な生活から引き離して農村に土着させて、武士を鍛え直すことを緊急の課題だとした。その玄白は、「支那」を異民族支配に甘んじて恥ない「俗の弱なる」ものと評価し、「支那もまた東海一隅の小国なり」（『狂医之《きょういの》言《げん》』）と言う。西洋の科学を知った者の視野の広さが、足元のアジアへの見方を微妙に歪《ゆが》めていくのである。

　青陵や利明から信淵、ある種の蘭学者たち、これらに共通するのは、停滞のうちに沈むアジアから離陸・脱却しなければ日本はどうにもならないという危機感であり、国家利益の追求を至上価値とする即物的な合理主義の台頭であり、その立場からの武士支配への不満の高まりである。

第11章　篤胤の神学

宣長が没したのは、十九世紀の最初の年である。ここから幕府の瓦解《がかい》（明治維新）までおよそ二世代、その内憂外患、疾風怒濤《しっぷうどとう》の時代を貫く思想史の主題は何であろうか。政治思想史の視角からは、攘夷《じょうい》論と開国論の対立、近代的な政治観の獲得、国家構想の競合などが問題となるだろう。宗教思想史の観点からは、「おかげまいり」や「ええじゃないか」、また国学の神学化や民衆宗教の活発化が中心のテーマとなる。あるいは、通俗道徳（勤勉や節約、孝行や相互扶助といった庶民の日常的なモラル）の実践を通じての自己規律的な民衆的主体の形成と、民衆的な社会批判意識の成長といった主題を探ることもできるだろう（安丸良夫《やすまるよしお》『日本の近代化と民衆思想』青木書店、一九七四年）。

では、そこに通底するものは何なのだろうか。私は、人々の「心」の繋がりという課題がそれまでとはまったく違った重みでもって登場し、その課題との関わりにおいて、どのような公共的秩序が構築されるべきかが問われる、ここにこの時代を貫く思想史の主題を見たい。

江戸の儒教は「心」を、倫理的自己実現の主体として捉え、そのための「私欲」（エゴイズム）の克服を掲げてきた。そして人倫の担い手としての自覚、すなわち「心」に内在する「天理」への覚醒を説いた。その内向的な禁欲主義をよしとしない仁斎は「四端の心」の伸びやかな拡充を、徂徠は、礼楽による身心の文化的涵養《かんよう》を重んじた。

そして民衆の「心」は、儒教にとって教化の対象として論じられた。それは一面、民衆の「心」は操作や巧利的誘導の対象ではないという積極的な意味をもっている。教化を言うのは、民衆の中に善への志向を認めるからであって、そこに働きかけるから教化が成り立つ。しかし、民衆が何を喜び、何を願い、何を怖れているのかを内在的に理解しようという視線はそこにはない。

これに対して宣長は、儒教の「心」が見ようとしないものを見た。儒教は、「心」のもっともふるえるべき恋を問題にしない。「心」の弱さ（女々しさ）、不可知な力（神々）による背理・悪・偶然性によって「心」が翻弄される現実、こうしたものを取り上げない。こうして宣長は、儒教による「心」の言説を、真実から遠い干からびた、かつ大仰《おうぎよう》な偽善として斥ける。しかし宣長の見る「心」もまた、都会の知識人の繊細で審美的なもので、生活の中で鍛えられた人々の喜怒哀楽が染みこんだ「心」からは遠かったように思われる。

宣長の学問と思想は、その死後、伴信友《ばんのぶとも》（一七七三〔安永《あんえい》二〕年〜一八四六〔弘化《こうか》三〕年。小浜藩士）らによって古代学（考証学）や国語学、歌学へと発展する一方、宣長の没後門人を名乗った平田篤胤（一七七六〔安永五〕年〜一八四三〔天保十四〕年）の手で、神学として発展していった。

「霊の行方の安定」

秋田藩士（大和田家）の四男に生まれた篤胤は、備中《びっちゅう》の松山《まつやま》藩士の平田家に養子となり、後に致仕して本居春庭《はるにわ》（一七六三〔宝暦十三〕年〜一八二八〔文政十一〕年。宣長の長子。三十二歳で失明したが国語学者として業績を残した。本居の家督は養子の大平《おおひら》が継ぐ）に入門し、江戸において、独自の宗教的世界観を混えた国学を唱えたが、一八四一（天保十二）年、幕府によって国許《くにもと》への帰還と新たな著述刊行の停止を命じられた。

篤胤は、「天《あめ》・地《つち》・泉《よみ》」という宇宙全体の成立と構造を知ることが、神々の性質やはたらきを知ることであり、その中で営まれる人間の生と死（死後の霊魂の行方）の意味を正しく捉えることに通じるとした。生の意味は、それで完結するのではなく、死後の「霊《たま》の行方の安定《しずまり》」の様相を理解することで初めて明らかになるというのである。「大倭心《やまとごころ》を太く高く固

平田篤胤

めまく欲《ほり》するには、その霊の行方の安定を知ることなも先《さき》なりける」とする篤胤は、そのためには、

まず天・地・泉の三つの成初《なりはじめ》、またその有象《ありかたち》を委細《つばら》に考察《かんがえみ》て、またその天・地・泉を天・地・泉たらしめ幸《さちわ》い賜う神の功徳《いさお》を熟知《さと》り〔中略〕後に魂《たま》の行方は知るべきものになむ有ける。（『霊《たま》の真《み》柱《はしら》』）

と説く。自分の生と死が、どのような宇宙論的な位置をもっていて、どのような神々の統括を受けているかを知らないから、人々は自暴自棄になったり無意味な人生を送ったりしてしまう。

生者と死者との交わり

宣長は『古事記伝』で、服部中庸《はっとりなかつね》（一七五六〔宝暦六〕年～一八二四〔文政七〕年。宣長の門人。松坂の人で和歌山藩士）の著した『三大考《さんだいこう》』を付録として掲載した。『三大考』は、一〇枚の図によって、神々の計らいによる「天・地・泉」（三大）の成立の過程を明らかにしたものである。宣長の門人の間では、内容が独断的であるとして否定する見方が強かったが、篤胤は、これをさらに修正・発展させて、主著である『霊の真柱』を著した。

篤胤は、「天・地・泉を天・地・泉たらしめ幸い賜う神」としてのタカミムスビ・カミムスビの大きな営み、つまり産霊《むすび》の霊力によって、ある混沌《こんとん》たる一物から、天（太陽）・地球・黄泉（月、根の国）の三つの世界がこの順に生成したとして、太陽を清浄な世界（主神はアマテラス）、月を汚穢《おわい》の世界とし（死の世界ではない。主神はスサノヲ、スサノヲの別名がツクヨミ）、太陽と月の間にある地球を、清浄と汚穢の重なる世界とした。人々が、正邪善悪・吉凶禍福の入り組んだ現実の中で生きるのは、その重なりのためである。

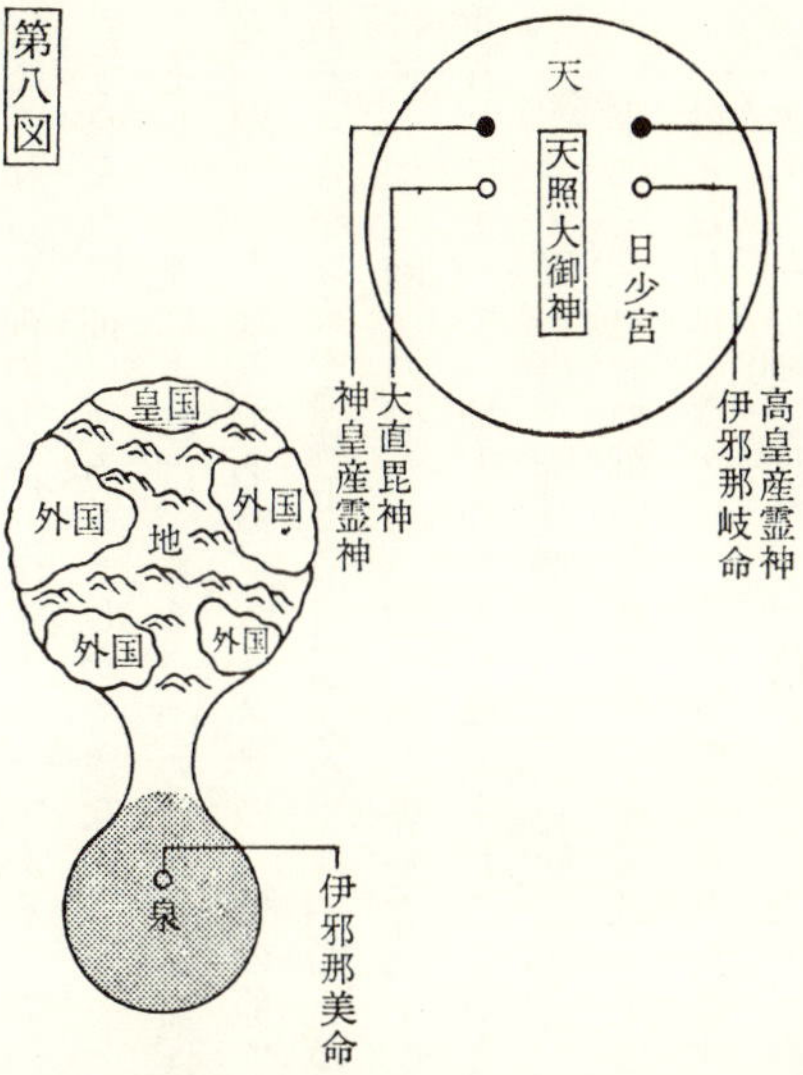

『霊の真柱』第八図

黄泉に由来する穢《けが》れが広まれば、それに乗って禍神《まががみ》が暴れ、それを鎮めようとする神の荒ぶりも止まらない。こうして災害や疾病をはじめ理不尽な暴力などが横行する。それが治まるのは、荒ぶる神の仕業が終わって、和らぐ神の力が回復するからである。この仕組みは、人知の及ばないもので、人はひたすらそれに従い祈ることしかできない。

そして篤胤によれば、もう一つの重なりが地球（地上世界）を覆っている。それが「顕」と「幽」の重なりである。スサノヲの六世の孫であるオオクニヌシが、アマテラスの子孫であるニニギ（その血統上に天皇がある）に「顕」の支配を譲り、自らは「幽」の世界の支配者に退いて「幽」の側から「顕」の世界を守っているとする篤胤は、この「顕」「幽」二つの重なりによって、地上の世界が構成されているとする。

さて顕明事《あらわにごと》と幽冥事《かみごと》との差別《けじめ》を熟《つらつら》想うに、凡人《ただびと》も如此《かく》生《いき》て現世《うつしよ》に在るほどは、顕明事にて天皇命《すめらみこと》の御《み》民《たみ》とあるを、死ては、その魂やがて神にて〔中略〕いわゆる幽冥に帰《おもむ》けるなれば、さては、その冥府《めいふ》を掌《し》り治《しろし》めす大神は、大国主神に坐《ま》せば、彼《かの》神に帰命《まつろ》い奉《まつ》り、その御《み》制度《おきて》を承け賜わることとなり。さてありつつこの顕世《うつしよ》なる君親《きみおや》また子孫《うみのこ》に幸わうこと、大国主神の、隠り坐しつつも世に幸いたまうが如し。（『霊の真柱』）

こうして人間は、顕明の世界では「天皇命の御民」であり、亡くなれば幽冥の世界に帰ってオオクニヌシの支配に従うのであるが、その幽冥界は、遠い彼方にあるわけではない。

その冥府と云は、此顕国《うつしくに》をおきて、別《こと》に一処《ひとところ》あるにもあらず、直《ただ》ちにこの顕国の内いずこにも有《ある》なれども、幽冥《ほのか》にして、現世とは隔たり見えず。〔中略〕その冥府よりは、人のしわざのよく見ゆめるを〔中略〕顕世よりは、その幽冥を見ることあたわず。

とある通り、生者の世界に寄り添うようにあって、そこから「顕世なる君親また子孫に幸わう」のだと篤胤は言う。死者の霊魂は、地上世界から離れずに有縁の人々（君や親、子孫や友人など）の暮らしを見守り「幸わう」が、ただ生者の側からはそれが見えないだけである。オオクニヌシがアマテラスの子孫に国土を譲って身を隠した後、見えない世界からこの国土に幸いを与えているように、一人ひとりが、見えない世界から有縁の人々を加護する。死後は無でもなく、無限の輪廻《りんね》を繰り返すのでもなく、また汚く暗く不快な穢れの世界である黄泉国に赴くわけでもなく（この点で宣長の議論は誤りだとする）、有縁の人生を見守るのだと知ることが、「霊の行方の安定」を知ることである。

これは、死者の霊魂と有縁の人々の交わり、とりわけ亡くなった父母・祖父母や祖先と残された子孫の目に見えない繋がりの思想の確立であって、篤胤が初めてそこに言葉を与えたものは、生者と死者を繋いだ心の共同体としてのイエを守り繁栄させたいという人々の願いである。そこでは、自分たちの生は、親しい死者（亡くなった父母・祖父母や祖先）の霊によって見守られている。

葬祭を取り仕切った仏教も、例えば亡親の死霊の行方について、それが今も現に迷いの世界を輪廻転生しているとは言いづらいだろうし、あるいは遠い西方の極楽浄土に行くとしたところで、子孫とそれがどう交感するのかには答えられなかった。儒教なら、気の集散からそれを説明しようとするだろうが、庶民の世界においては何の影響力もなかった。神道は、死を穢れとして忌避する伝統をもっていたから、こういう分野には力をもてなかったし、一部の神道思想家が神葬祭の理論化を試みてそれを実践しようとしていたが、まだ試行錯誤的なものであった。そういう状況の中で、篤胤が与えた「顕」「幽」の重なりのイメージは、人々の胸に強く訴えかけたに違いない。

篤胤の言う「霊の行方の安定」を知るとは、個人本位の安心立命ではなく、顕明の世界に残した有縁との霊的な（心の）繋がりの確かさを知ることである。ただしそれは、見守る対象を子孫に限定するものでもなく、例えば学問に生涯を捧げた人ならば学問の世界を見守り、病に苦しんだ人なら、同じ病に苦しむ人を見守ることもあると篤胤は言う（邪悪な人は、それを流行らせる疫病神になることもある）。篤胤自身はといえば、亡妻の霊とともに山室山の宣長の墓所にあって、宣長の霊に仕えることを願っている。

日本中心主義と天皇

篤胤は「天・地・泉」の生成と構造を知ることで、初めて生死の意味を知ることができると言うが、それができるのは、日本だけに「古伝」が残っているからである。「古伝」が残っているのは、天地の生成において、地球が生まれたその始まりの地が日本だったから、つまり日本が「万の国の本つ御柱たる御国」であり、天皇は「万の国の大君」でもあるからである。外国は、日本が生まれる時の泡土から生まれ、その位置も穢れの世界（黄泉）に近い。こうして『古事記』や『日本書紀』の神話が宇宙生成の物語に再構成され、それが極端な日本中心主義を作っていく。

では、天皇は何をするのか。「顕明」の世界を束ねる天皇は、

さてその禍事《まがこと》の世にひろごれる時は、国の大祓《おおはらい》して、その禍を本《もと》つ根の国に還遣《かえしやり》たまう。〔中略〕此即ち天皇命の天下《あめのした》を政《まつりごち》たまう大道《おおきみち》にして〔中略〕神随《かんながら》なる古の道なり。

（『霊の真柱』）

とあるように、地上の穢れを「本つ根の国」、穢れが本来そこにあるべき黄泉の国（月の世界）に払い退けることを固有の職掌とする。黄泉の国から地上に及んだ穢れに乗じて禍神が跳梁《ちょうりょう》することで、地上にいろいろな災厄が起こる。それらに具体的・政治的に対処するのは、天皇から政権を委任された幕府の責任である。天皇は、それを「大祓《おおはらえ》」などの祭儀において清めるのであって、ただ血統を継ぐのが天皇ではない。天皇の役割と責任が、こうして明示的に述べられた。

篤胤は、世界中のあらゆる伝承や風俗は、始まりの国である日本から流れ出たものだとし

て、そのすべてに旺盛な関心を寄せた。中国の道教や神仙世界、インドの古伝、さらにキリスト教、また日本各地の民俗・奇談を採訪し、海外情報の収集のために早くからロシア文字の学習も試みている。そういう篤胤ではあるが、その思想の焦点は、日本にだけ幸いに残された「古伝」の理解に据えられている。ただその「古伝」も完全な形で残っているわけではないとして、篤胤は『古事記』『日本書紀』をもとに、本来そうあったであろう「古伝」を復元しようとした（『古《こ》史《し》成文《せいぶん》』。その注釈・解説が『古《こ》史《し》伝《でん》』と『古《こ》史徴《しちょう》』。宣長の『古事記伝』と徂徠の『論語徴』を意識している。『古史伝』は未完に終わり、門人の矢《や》野《の》玄道《はるみち》が完成させた）。

地域に生きる平田神学

下総《しもうさ》国の名主であった宮負定雄《みやおいやすお》（一七九七〈寛政九〉年～一八五八〈安政五〉年）は、熱心な篤胤門人で、

抑《そもそも》国の損耗は、人の心不正にして邪曲を行い、心を汚し身を汚し家国を汚し、天地の鬼神の御心に乖《そむ》き、故《かれ》其御恵に漏れて、凶年飢饉或は火災・疫病などの禍にあい、人民減り財宝廃《すた》り、国の損耗となるは、皆是鬼神の御咎《とがめ》に因《よ》る事なり。（『国益本論《こくえきほんろん》』）

と論じている。仏教や儒教への度を越した傾倒、獣肉食や堕胎、火葬などが「心を汚し」の内容をなすが、とくに堕胎による人口の減少に危機感を募らせた。多くの夫婦は、子を生み

育てることを私事と考えているがそれは誤りで、「天地の神明は、万物を殖《ふや》し給う御心なる故に、天下の蒼生《あおひとぐさ》に、人種子《ひとだね》を多く授け給う」のである。せっかくの良田が、人口の減少のために荒地となり、地域社会が衰弱困窮していくのは、人々が神意を蔑《ないがし》ろにしているからである。その定雄は、世を嘆いて訓戒を垂れるだけの人物ではなく、一方で『農業要集』（作物栽培法改良の書）、『民家要術《みんかようじゅつ》』などの書も著している。

鈴木《すずき》重胤《しげたね》（一八一二〔文化九〕年〜一八六三〔文久《ぶんきゅう》三〕年）は、淡路《あわじ》国の庄屋の子であるが、篤胤に心酔して国学を学んだ。重胤は、人は誰でも皇祖天神《あまつみおやがみ》から産霊《むすび》の力を分与されて生まれていて、職業生活や家庭生活において、その力を発揮せねばならないとする。重胤によれば、皇祖天神から国土を固めなすことを命じられてイザナギ・イザナミの男女の神が国生みをしたが、国土を固めなす仕事は、実は万人に課せられている。

> 天下の人民を大御宝《おおみたから》としも云事は〔中略〕言義《ことのこころ》は、天下の人民には右の如く、此漂在《ただよえ》る国土を修《つく》り理《おさ》め固め成すの徳《さち》有て、衣食住の事を整えて世間に融通し、相共に各々其々《それぞれ》の職業を以て、皇祖天神の賦命《みことよさし》を奉じ、朝廷に仕奉《つかえまつ》る有用の人民なるが故に称する所なり。（『世継草《よつぎぐさ》』）

神々への奉仕は、特別なこととしてあるのではなく、人々が職業に専念することを通じて果たされる。または、「夫婦交合《みとのまぐわい》して子を儲《もうく》る事は、実《まこと》に皇祖天神の恩賜《みたまもの》」と言われるように、夫婦が和合して多くの元気な子供を生み育てることが、国土を固めなせと命じた神々の意図に沿うことになる。こう考える重胤は、胎教から始まる子育てに細かな注意を与え、間引き・堕胎を厳しく非難した。重胤にとって、遠い世界の始まりを説くものとして神話があるのではない。庶民の世俗生活が、始原の神々による産霊のエネルギーの賦活によって日々励まされている。

彼ら篤胤門人は、篤胤がそうであったように、いずれも徳川体制の心からの支持者であった。公儀（将軍）の権威は、疑いようもない不動の前提である。しかし例えば、重胤が『世継草』を重々しく次のように語り出す時、「国土万民」は将軍や大名といった一切の媒介なしに、夫婦生活・家庭生活・職業生活の全体において直接「朝廷」に繋がっている。

高天原《たかまのはら》に事始め給いし皇祖天神の、立て給い定め給いて、現御神《あきつみかみ》と天下統御《あめのしたしろしめ》す、掛《か》けまくも甚《いと》も可畏《かしこ》き、皇御孫命《すめみまのみこと》の御世の継々《つぎつぎ》、高御座《たかみくら》天津日継《あまつひつぎ》と受け給い持《たも》ち給いて、万国《よろずのくに》に敷き給い行い給う、我が皇神《すめかみ》の大道《おおみち》はしも、夫婦遘合《みとのまぐわい》の感《かま》けに依て、子孫《うみのこ》を蕃《うみ》息《ふや》し生《おお》し育てて、皇祖天神より受け賜わる所の、この生国《いくくに》を足国《たるくに》と、修り理め固め成すの功《いさお》を立てて徳《さち》と為す事なり。これすなわち、皇天《あまつかみ》の賦命《みことよさし》を奉《うけ》て、国土万民《あめのしたおおみたから》の皇御孫命の大朝廷《おおみかど》に仕奉《つかえまつ》る所以《ゆえよし》にして、天下の大道の天神随《あまかんながら》なる所これなり。

秩序を底辺で支えている知識人の口から、「高天原」に由来するこういう過剰な修飾をもった言辞言説が語られるという時点で、すでに徳川の支配体制は自立的なものではなくなっている。

篤胤の著作は、地域社会に生きたこうした知識人の連携によって刊行されることが多く、江戸の思想家の中で、そのような例を他に見ることはできない。地域社会の抱える問題の只中で、篤胤の著作を刊行し、それを学習し読み込み、再解釈・再構築することで現実に向かう足場を築こうとする彼らの営みは、単に篤胤の神学の普及や浸透ということではなく、地域からの思想的な創造と言うべきものでもあろう。

第12章　公論の形成——内憂と外患

幕末の思想は、内憂外患に揉《も》まれながら鍛えられた。

内憂とは、農村の一揆であり都市の騒擾《そうじょう》であるが、その背後には、民衆の間に「世直り」への待望が日ごとに強まっているという現実がある。百姓一揆は、代表越訴《おっそ》型（村役人による領主への年貢減免要求）から惣《そう》百姓一揆（広汎《こうはん》な百姓の強訴《ごうそ》や逃散《ちょうさん》）へ、さらに豪農・豪商への打ち壊しをともなう広域の闘争へと展開した。その中で百姓は、「公儀の御百姓」（三浦《みうら》命助《めいすけ》「獄中記」。命助は盛岡藩の百姓で行商人）、「天下の御百姓」（天保期の三河国の百姓一揆の記録である「鴨《かも》の騒立《さわぎたち》《さわだち》」）として、藩を越えた自分たちの拠り所を誇らかに掲げるようになり、かつて見られなかった政治的な主張を堂々と押し出して、ついには固い結束と周到な準備をもって、藩主の交替を要求し実現させるまでの力量をもつに至った（一八五三〔嘉永六〕年、ペリー浦賀来航の年の盛岡藩三閉伊《さんへい》一揆。その指導者の一人が命助）。

外患とは、ロシア・イギリス・アメリカをはじめとする列強が、圧倒的な軍事力をもって日本の開国を迫る事態である。外患は、まずロシアの動向によって始まった。ラッコの毛皮などを求めてカムチャツカ半島から千島列島を南下するロシアの動きを注視すべきことを指摘したのは、工藤平助の『赤蝦夷風説考《あかえぞふうせつこう》』（一七八三〔天明三〕年、老中の田沼意次に献上された。赤蝦夷はロシア人とカムチャツカの住人を指す）、次いで林子平『三国通覧図説』（一七八五〔天明五〕年成、翌年刊行。三国は日本を取り囲む蝦夷・朝鮮・琉球。この書はイルクーツクの日本語学校にいたドイツ人の手で仏訳された）であったが、十八世紀末から十九世紀初頭にかけて、国交締結の要求をもってロシアのラクスマン、次いでレザノフが相次いで来日し、厳しい取り扱いを受けたレザノフは日本を威嚇するために樺太《からふと》・択捉《えとろふ》などの番所を攻撃するに至った。

そして、アヘン戦争（一八三九〜一八四二年）が引き起こされた。そこでの清軍のあっけない敗北のニュースは、オランダや琉球を通じて直ちにもたらされ、士大夫（文人）官僚の国家である当の中国よりも、武家政権の日本でこそ強い衝撃をもって受け止められた。イギリスは、次には日本を襲うのではないかという噂も流れた。吉田松陰が「抑《そもそも》今の士は名《なづ》けて武士と云。其本職禍乱を平げ夷賊を攘《はら》うにあり」（『講孟余話《こうもうよわ》』）と述べた通り、戦闘を本来の任務とした武士たちは、大国と信じていた清朝があえなく敗北した事実の重みを自らのものとして受け止め、来るべきものに機敏に備えようとした。そしてペリーの浦賀来航（一八五三年）は、その危機感をいよいよ切迫したものとする。

大塩平八郎の乱

一八三七（天保八）年二月、島原・天草のキリシタン一揆が起こってまさに二〇〇年の時、家代々の職であった大坂東町奉行所の与力を辞して、家塾である洗心洞《せんしんどう》（「洗心」は『易経』に拠る）で陽明学を講じていた大塩平八郎（中斎）が、天保飢饉のさなかに不正をはたらく役人、それと結託して巨利をむさぼる豪商に憤り門人らと蜂起《ほうき》した。蜂起は直ちに鎮圧され、逃亡した平八郎も後に自刃したが、この反乱が、幕府や知識人に与えた影響は計り知れなかった。

中斎の思想の核心は、「心」の本質を「空」や「虚」として捉えたところにある。

心《こころ》の体《たい》は虚霊《きょれい》のみ。悪固《もと》より無し、善と雖も有るべからず。如《も》し先ず善有りて塞《ふさ》がば、則ち神明は終《つい》に用を為す能わざるなり。（『洗心洞劄記《さつき》』）

「神明」は、心の霊妙な働き。固定的な善悪の枠組みで心が塞がってしまえば、心の本来の霊活な作用は死んでしまうということである。その「虚霊」は、「太虚」とも言われる。

太虚より出ずるに非ざれば、則ち善なりと雖も偽に流る。

「太虚」は、張横渠《ちょうおうきょ》（北宋の儒者。朱子も自らの学の先駆の一人として顕彰した）が好んで用いた言葉で、宇宙的な生命（気のエネルギー）の根源というほどの意味である。藤樹の「太虚皇上帝」が想起されるが、その後、蕃山は「天地万物皆己《おの》が有なり。太虚を心とすればなり。人の貴賤も己が貴賤のごとし」（『集義和書』）というように、「太虚を心とす（る）」こと、それによって果たされる同胞的共感の回復を説いていた。中斎は、「太虚の霊明」を「良知」とし、「学びて太虚に帰すれば、則ち人の能事畢《のうじおわ》る」などとする。「太虚に帰す」とは、通念としてある善悪の枠組みから自由に（自由になろうという拘《こだわ》りからもさらに自由になって）生まれたままの赤ん坊のような無垢《むく》の「心」に帰ることである。

『論語』に、古代中国の聖天子である堯が舜に伝えた「四海困窮、天禄永終」という言葉がある（四海困窮せば、天禄《てんろく》永く終えん）。民衆が困窮すれば、君主の家産も永久に断たれるという訓戒である。中斎はこれを蜂起の「檄文《げきぶん》」の冒頭に掲げて、「小人に国家をおさめしめば災害並至《へいし》と、昔の聖人深く天下後世、人の君人の臣たる者を御誡被置候《いましめおかれ》」と敷衍《ふえん》する。現実は、富貴の者はますます私腹を肥やして「驕奢《きょうしゃ》」を極め、まさに「四海の困窮と相成候」と続き、

下民の怨《うらみ》何方《いずかた》へ告愬《こくそ》とてつげ訴うる方なき様に乱候付、人々の怨気《えんき》天に通じ、年々

地震・火災、山も崩れ水も溢るより外、色々様々の天災流行、終に五穀飢饉に相成候。米価の高騰にもかかわらず「大坂の奉行ならびに諸役人ども万物一体の仁を忘れ、得手勝手の政道をいたし」、「此節の天災天罰を見ながら畏《おそれ》も不致《いたさず》、餓死の貧人乞食をも敢而《あえて》不救《すくわず》」、自分たちは賄賂《わいろ》を取って贅沢に暮している。災害と飢饉は、天の譴責《けんせき》だとする中斎は、この檄文を「天命を奉じ天誅《てんちゅう》を致し候」という一句で結んだ。

後期水戸学

内憂外患の時代に、幕藩体制の再構築を目指して体系的な国家論を打ち出したのは、親藩の一つである水戸藩の理論家たちであった。その議論は、徳川国家の権威主義的な再編という当初の意図を超えて、近代日本の国家建設にも大きな影響を与えることになる。

水戸藩は、早くから百姓一揆に悩まされていたし、一八二四（文政七）年には藩内の大津《おおつ》浜《はま》にイギリス人が上陸して薪水を求めるという事件が起こっていたこともあり、外患にも敏感だった。第二代藩主であった光圀を中心とした前期水戸学には、古典の整理、歴史書の編纂といった学術的な性格が強かったが、後期水戸学は、会沢正志斎《あいざわせいしさい》や藤田東湖《ふじたとうこ》（東湖の父は幽谷《ゆうこく》、その父は城下の古着商だった）といった下級武士が、学問を通じて第九代の藩主である徳川斉昭《なりあき》との人格的結合を強め、そこでの政治的な実践と一体のものとして、国家論を中心とした新しい政治思想を構築したところに特色があった。

会沢正志斎と「民心」

水戸藩きっての理論家であった会沢正志斎（一七八二〈天明二〉年〜一八六三〈文久三〉年）が著した『新論《しんろん》』は、一八二五（文政八）年、幕府の異国船打ち払い令が出された直後に執筆された。筆者の名を明らかにしての正式の刊行は一八五七（安政四）年であるが、早くから写本や筆者名を秘した刊本によって広く読まれていた。そこでは、内憂外患の時代に何が問題の本質であり、どのような国家として徳川体制を立て直すべきかが大胆に論じられていたから、現状に危機感を懐く多くの人々の関心を呼んだのである。

その『新論』は、「民心」のありように注意を向ける。

　神聖の道、未だ明かならず、民心、未だ主有らず。〔中略〕其の内、主なく、異物に遷《うつ》り易きなり。

正志斎によれば、定まってあるべき「民心」は、浮遊している。

　今虜《りよ》（野蛮人）は民心の主なきに乗じ、陰《ひそか》に辺民を誘い、暗に之が心を移さんとす。民心一たび移らば、則ち未だ戦わずして天下既に夷虜《いりよ》の有と為らん。

「虜」「夷虜」と呼ばれる西洋人が、「民心」の空隙《くうげき》を狙い、手段を尽くして「民心」を自分たちの側に呼び込もうとしている。「民心」が取り込まれてしまったなら、軍事的に対決する以前から、日本は西洋人によって実質的に植民地化されてしまうに等しいと『新論』は言う。

列強の策術は巧妙であって、軍事的な脅威だけに目を奪われてはならない。民衆の内面は、権力者の手の届かないところにあって、不気味なエネルギーを蓄えているとする不安が、会沢の思想の奥底に潜んでいる。

　異端邪説相踵《あいつ》いで作《おこ》り、巫覡《ふげき》の流有り、浮《ふ》屠《と》の法有り、陋儒《ろうじゅ》俗学有り、西荒耶蘇《やそ》の説有り。他の化を淆《みだ》り俗を傷《やぶ》る所以《ゆえん》の者に及びては枚挙に勝《た》えざるなり。〔中略〕偏方《へんぽう》下洲には或は私《ひそか》に淫祠《いんし》を奉じ〔中略〕天に事《つか》え先を祀《まつ》るの義を知らず。世の陋を守り奇を好む者は、付会するに怪妄迂僻《うへき》の説を以てし、民神雑糅《ざつじゅう》し、遂に巫覡の流と為れり。

宗教も学問も堕落して、人心を迷わしてばかりいる。天を敬い祖霊を祀ることが疎《おろそ》かにされて、淫祀がはびこっていると嘆く正志斎の言い回しから

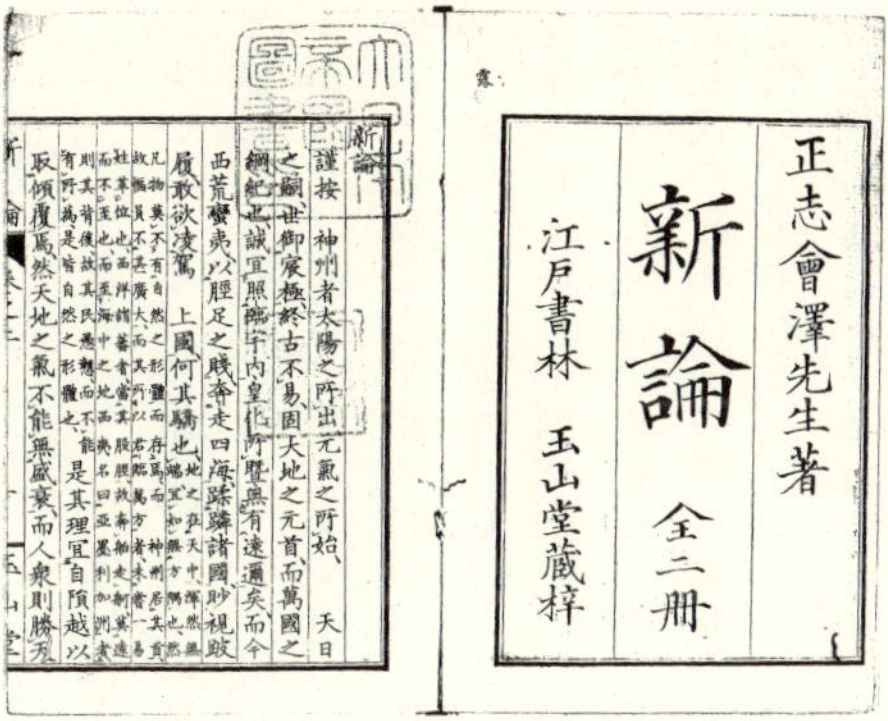

『新論』（内閣文庫蔵）

は、「民心」の動向についてのある本質的な恐怖心と、徳川国家の正統性が、「民心」の掌握という点で無力だという痛いほどの思いとを見ることができる。

というより、徳川国家はこの時まで、自らの体制を支えるべきイデオロギーについて、突き詰めて考えてこなかった。「公儀」による「泰平」は磐石《ばんじゃく》に思われたから、一方で「武威」をかざし、他方で朝廷・天皇の権威（律令国家の枠組み）を利用して、儒教・仏教・神道を状況や領域ごとに組み合わせて体制を保ってこられたのである。

それは、朱子学を正統として掲げ、イデオロギー的な一元性を強固に保つことで社会体制を維持していく中国や朝鮮の科挙社会との決定的な違いである。わずかに徂徠や中井竹山が、その空白に気付いていたのみであった。竹山は、松平定信の下問で著した『草茅危言《そうぼうきげん》』で参勤交代の緩和などの経世論を説いたが、その中で一世一元制の採用を勧めている。ここには、時間を支配する者としての天皇の権威をイデオロギー的に利用して、綻《ほころ》びを現し出した徳川国家を補強しようという目論見《もくろみ》があった。

忠孝の一致

では『新論』は、何をもって体制を再構築しようとするのか。焦点は、何が「民心」の「主」となりうるのかであって、それはまず「忠」と「孝」の一体化だとされる。

孝敬の心を、父は以て子に伝え、子は以て孫に伝え、志を継ぎ、事を述べ、千百世と雖《いえど》も、猶一日《いちじつ》の如し。孝は以て忠を君に移し、忠は以て其の先志を奉ず。忠孝は一《いつ》に出ず。

やや分かりづらいが、こういうことである。まず父への恭順の徳である「孝」が置かれる。「孝」は、父から子、子から孫へと引き継がれる。と同時に、子から見て父が主君に「忠」を尽くしていたわけだから、父の「志」を継ぐこと（孝）は、自分も主君に「忠」を尽くすことで果たされる。「孝は以て忠を君に移し、忠は以て其の先志を奉ず」とは、そういう筋立てだろう。

では「忠」とは何かといえば、下位者が上位者の権威を権威として、これに忠誠を尽くすことである。下級の武士は上級の武士に、上級の武士は重臣や家老に、家老は大名に、大名は将軍に、そして将軍は天皇に、天皇は「天祖」にという忠誠の連鎖が描かれる。現実政治を執行するのは完璧に将軍（幕府）であっても、将軍が上位者としての天皇を畏敬する（畏敬してみせる）ことで、大名以下の武士たちの忠誠の連鎖が発動する。階層の秩序に沿って上位者に忠誠を尽くすことが、同時に父祖への「孝」でもある。階層の秩序を越える行動は、『新論』の論理では絶対に認められない。そして天皇は実際の政治を幕府に委ねているのだから、こうして、結果として幕府の秩序は揺るぎないものとなる。

父祖への「孝」と主君への「忠」は、言うまでもなく別のモラルであるが、王朝交替(革命)のない世襲社会の日本では、父祖が主君に仕えたように自分も主君に仕えることが、真実の「孝」の姿だということになる。民ならば、長上に私心なく仕えることが「忠」である。こうして忠孝が一致すれば、民衆の内面に空隙が生まれたり、動揺するような事態はなくなるはずだと会沢は論じた。

祭祀と儀礼

忠孝の一致と並んでもう一つ、国家秩序にとっての儀礼の重要性に『新論』の著者は政治的な注意を払い、民衆の衣食住それぞれが、記紀神話に由来して「天祖」や神々、ひいては天皇による恩恵として存在することの記憶を想い起こさせようとする。

まず、祭祀の基本は祖先祭祀である。

物は、人より霊なるは莫《な》し。其の魂魄《こんぱく》精強にして、草木禽獣と同じく澌滅《しめつ》すること能わず。故に(聖人は)祀礼を明らかにし、以て幽明を治め、死者をして憑《よ》る所有て以て其の神《しん》(霊魂)を安んじ、生者も死して帰する所有るを知りて、其の志を惑わざらしむ。〔中略〕故に怪妄不経の説由《よ》りて入る無きなり。(『新論』)

ここでは、死者の霊魂との繋がりが確固としていないことが、秩序の動揺の深い原因だと捉えられている。祖先祭祀が安定し、それが国家の秩序に組み込まれれば、「民心」に動揺や空隙がなくなるのである。武士階級については忠孝一致が有効なイデオロギーであっても、庶民については、祭祀を通じての民心の統合が決定的だと会沢は考えた。

民衆が「皇統」を仰ぐのは、記紀神話にあるように、衣食住が「皇統」の始まりをなす神々によって与えられたからである。例えば、

> 日神（アマテラス）高天原にましまして〔中略〕五穀の種を求め得て宣《のたま》いけるは、此の物は顕見蒼生《うつくしきあおひとぐさ》（地上世界の民衆）食いて生くべしとて、これを御田に植えさせ給う。この後、天位を皇孫《すめみま》に伝え給いしに及びて、御手ずから斎庭穂《ゆにわのいなほ》を授け給う。（『迪彝《てきい》篇』）

「神州は瑞穂《みずほ》の国」であって、米は『日本書紀』が伝えるように、アマテラス（日神）から人々に与えられたものだという遠い神話的な記憶に、会沢は光を当てる。衣服・住居さらに医薬などの起源も神話から呼び起こされる。神話の記憶は、注意深く、神秘や怪異に及ばないように選択され（神々の産霊《むすび》の力などは強調されない）、儒教的な倫理に適うように組み合わされている。そして米の祭儀としての大嘗祭《だいじょうさい》や神嘗祭《かんなめさい》に、例えば祭儀に用いる米の移送で民衆を動員したり、幣帛《へいはく》（神への供え物）の頒布で報恩の念を新たにさせるべきことが言われる。そして儒教的な神話解釈に立脚しながら、地域の神社の祭礼や儀式でも、その由緒正しいものが顕彰されて、民衆との結びつきを強める必要性が説かれた。

後期水戸学は、民衆に新しい神学を注入しようとしたのではない。ちょうど近代日本の国家道徳が、仏教・神道・キリスト教をはじめとする諸宗教の信仰の自由をとりあえず認めながら、それらを超えたものとして君臨したように、日本人であれば誰もが守るべき道、誰もが従うべき教えとして、個々の宗教を超えるものを作り出そうとしたのである。むしろ、人々の宗教的な信仰や関心を恐れ、民衆が特定の宗教(神学)にコミットすること自体を危険視していたのかもしれない。「日本人」としての国家道徳を明治の指導者が模索した時、こうして後期水戸学は有力な示唆を与えることになる。

佐藤一斎と門人たち

美濃国岩村《いわむら》藩の家老の子に生まれた佐藤一斎《さとういっさい》(一七七二〔明和九〕年~一八五九〔安政六〕年)は、林述斎《はやしじゅっさい》(岩村藩主の三男で林家の養嗣子)の門人となり、後に林家の塾頭となり、昌平坂《しょうへいざか》学問所の儒官となった。一斎は、朱子学と陽明学の弁別よりもその「異中の同」を求めた藤原惺窩を継ぐと標榜《ひょうぼう》したが、その思想的な核心は明らかに陽明学に近いものである。「学を為す緊要は、心の一字に在り」として「心学」を掲げる一斎は、「心」の中に「神光霊昭の本体」を認め、それを「心の霊光」「一点の霊光」などと名付けた。

深夜闇室に独坐すれば、群動皆息《や》み、形影倶《とも》に泯《ほろ》ぶ。ここにおいて反観するに、但覚《ただ》ゆ、方寸（心）の内に炯然《けいぜん》と自《おのずか》ら照らすものあり、恰《あたか》も一点の燈火の闇室を照破するが如くなるを。認得す、これ正《まさ》にこれ我が神光霊昭の本体、性命も即ちこの物、道徳も即ちこの物、中和位育《ちゅうわいいく》に至るも、また只これこの物の光輝の宇宙に充塞《じゅうそく》する処ならんと。（『言志《げんし》録《ろく》』）

その「霊光」は、天に由来するもの、あるいは天そのものである。

人は当《まさ》に自《みずか》ら吾が心を礼拝し、自ら安否を問うべし。吾が心は即ち天の心〔中略〕これを天に事《つか》うと謂《い》い、これを終身の孝と謂う。（『言志晩録』）

自己の中に、「霊光」でイメージされる「天の心」を捉えて、これを畏れ、これに事えよというのである。外界の事物に振り回されるのは「外慕《がいぼ》」「外馳《がいち》」であるとした一斎は、客観的な事物の理の探求には関心を向けなかった。

しかし一斎のもとからは、渡辺崋山《わたなべかざん》（田原《たはら》藩家老。蛮社《ばんしゃ》の獄で弾圧され自殺した蘭学者）・川《かわ》路聖謨《じとしあきら》（幕臣。プチャーチンとの間に日露和親条約を締結。外国奉行。江戸開城で自殺）・佐久間《さくま》象山《しょうざん》・山田《やまだ》方谷《ほうこく》（幕末から明治初期の代表的な陽明学者）・大橋訥庵《おおはしとつあん》・中村正直《なかむらまさなお》（号は敬宇《けいう》。啓蒙思想家で明六社《めいろくしゃ》同人。後にキリスト教の洗礼を受ける）といった、およそ考えられないほどの多彩な門人が、それぞれの「心の霊光」のままに巣立っていった。

「人を相手にせず、天を相手にせよ」と述べた西郷隆盛は、一斎の『言志録』やその続録から一〇〇条ほどを抜粋し、訓詁を付け、さらに感想や同時代の人物評をからめたコメントを添えている（『手抄言志録《しゅしょうげんしろく》』）。幕末・維新の時代に、動じない自己を確立させようとした人々の精神の根底にあるものを、一斎は儒教の言葉で掬《すく》い上げていたということだろう。

佐久間象山——東洋道徳・西洋芸術

佐久間象山（一八一一〔文化八〕年〜一八六四〔元治《げんじ》元〕年）は、信州の松代《まつしろ》藩士であるが、藩主である真田幸貫《さなだゆきつら》が幕府の海防掛に任命されたのを機に、自らも江川坦庵《たんあん》について高島《たかしま》流の砲術を習得し、さらにオランダ語を学んで西洋の砲術を体得しようとした。佐藤一斎の門人であり、勝海舟《かつかいしゅう》の妹を妻に迎えている。吉田松陰・坂本龍馬らに西洋科学技術の研究の必要性を説き、開国と公武合体を主張したが、攘夷派により暗殺されてしまった。

松陰に海外密航を勧めた咎で獄にあった時の感慨を書き連ねた『省諐録《せいけんろく》』には、

　予、年二十以後は、すなわち匹夫も一国に繫ることあるを知る。三十以後は、すなわち天下に繫ることあるを知る。四十以後は、すなわち五世界に繫ることあるを知る。

とあって、藩から日本全体へ、日本から世界全体へという、象山の世界認識の広がりを振り返った言葉として象徴的である。二十歳以前とはいえ自分が藩に繫がっていると知らないはずはないから、その意味は、藩が一つの政治力学（ダイナミズム）をもつ組織体として動いていて、自分もその中にあることを知り、やがて日本もまた一つの政治運動体であって、そして世界全体もそうであること、その中で自分の為すべきこと、自分の学問や出処進退を考えるべきを思い知ったというのである。

象山は、朱子学の「格物窮理」の精神を生かして、西洋の進んだ知識や技術を積極的に学ぼうとした。西洋はなぜ知識や技術において進歩したのか、こう象山は問題を投げかけて、

詳証術《しょうしょうじゅつ》は万学の基本なり。泰西（西洋）この術を発明し、兵略もまた大いに進み、夐然《けいぜん》として往時と別なり。いわゆる下学《かがく》して上達するなり。（同）

と述べている。「詳証術」は数学、「下学して上達する」は『論語』に見える孔子の語。西洋の学問が数理的な合理性を基礎とすることで、有用の技術として応用されていることを象山は言っている。

この時代、同じ朱子学者でも例えば大橋訥庵（一八一六〔文化十三〕年～一八六二〔文久二〕年）などは、「西洋に出たることは、総じて凡百の技芸までも、畢竟妖教の枝葉のみ」（『闢《へき》邪小言《じゃしょうげん》』）と言っている。造物主としての神を「君よりも父よりも尊き者」と教えることで「人の倫理を決裂して禽獣の道に誘《いざ》なう」キリスト教（「妖教《ようきょう》」）への憎悪から、あらゆる西洋の学問・技術を排撃する訥庵と比べれば、同じ朱子学者といいながら多様な分岐がありえたことがよく分かる。象山は、こうも言う。

君子に五の楽《たのしみ》あり。しこうして富貴は与《あず》からず。〔中略〕聖学を講明し、心に大道を識《し》り、時に随い義に安んじ、険に処《お》ること夷のごときは、三の楽なり。西人《せいじん》が理屈を啓《ひら》くの後に生れて、古の聖賢のいまだ嘗《かつ》て識らざるところの理を知るは、四の楽なり。東洋道徳、西洋芸術、精粗遺《のこ》さず、表裏兼該《けんがい》し、因りてもって民物《みんぶつ》を沢《たく》し（人々に恩恵を与え）、国恩に報ゆるは、五の楽なり。（『省諐録』）

「東洋道徳、西洋芸術」とある「芸術」は、自然科学の知識や技術のことである。これは、東洋は道徳に優れ、西洋は科学技術に秀でているというだけではなく、その双方を合体させて、「古の聖賢」が想像もしなかった高い文明に到達しようという自負の言葉である。

横井小楠の視界

象山より二歳年長の横井小楠（一八〇九〔文化六〕年～一八六九〔明治二〕年）は、熊本藩士で朱子学者であるが、経世家として著名であり、福井藩の招聘《しょうへい》により松平春嶽《まつだいらしゅんがく》のもとで藩政改革にあたった。小楠も象山と同じく、攘夷派によって暗殺された。

小楠は、「己に思うの誠なければ、後世の如く幾千巻の書を読み候ても皆帳面しらべになるものに候」（『沼山《しょうざん》対話』）というように、詰め込み式の学問を軽蔑した。ここには、自己の内面に切実な学問を求めた朝鮮王朝の朱子学者、李退渓を尊敬してやまない熊本の朱子学の伝統が流れている。

同時にまた小楠は、事物の「理」が真に自己のものとなっていれば、それを自在に「活用」できなければならないと説いた。その「活用」として、象山と同じように小楠も、西洋の科学技術の発展に強い関心を払い、「火輪船《かりんせん》」（蒸気船）、「蒸気車」、「伝信器」、「水車木綿」（水力紡績機）などの発達を称えている。さらに「近来又紅海《こうかい》の海峡を掘りぬき海路とする等のこと誠に莫大の利なり」とし、それら全体を「聖人の作用を得たるもの」と評価した。スエズ運河の開鑿《かいさく》が、朱子学の観点から称賛されているのである。また、こうも言う。

イギリスはイギリスの割拠見《かっきょけん》、ロシヤはロシヤの割拠見にて、各《おのお》の一国一国の議論主張致候故、追々惨怛《さんだつ》の戦争引起し候。〔中略〕全体割拠見と申す者免れがたきものにて、後世は小にして一官一職の割拠見、大にしては国々の割拠見、皆免れざることに候。真実公平の心にて天理を法《のっと》り此割拠見を抜け候は、近世にてはアメリカワシントン一人なるべし。ワシントンのことは諸書に見え候通《とおり》、国を賢に譲り宇内の戦争を息《やむ》るなどの三個条の国是を立て、言行相違なく是を事実に践行《ふみおこな》い、一つも指摘〔批判〕すべきことは無之《これなく》候。

「割拠見」は、自分たちの利害損得だけで物事を見る思考法。驚くべきことに小楠は、「至公至平の天理」の観点から、将来オランダがジャワ島を、イギリスがインドを返還することがありうるだろうかとも論じて、しかし現実には各国がそれぞれの「割拠見」に縛られているから、それは望めないと予測している。

しかしワシントンだけは、「真実公平の心」をもって、「割拠見」を突破したと高く評価する。ワシントンの掲げた「三個条の国是」は、世襲をしないこと、戦争を紛争解決の手段としないことに加えて、知識を世界に求めて政治や教育、福利厚生に活用することだと小楠は説明する。そして小楠は、ワシントンの政治こそが、堯・舜ら古代中国の聖人の理想に適《かな》うものだと考えた。象山の目には、「西洋芸術」までしか入らなかったが、小楠はそれ以上のものを見ている。

小楠は、開国・鎖国の議論に対して、どのような見解をもっていたのだろうか。

凡《およそ》我国の外夷に処するの国是たるや、有道の国は通信を許し、無道の国は拒絶するの二ッ也。有道無道を分たず一切拒絶するは、天地公共の実理に暗《くら》くして、遂に信義を万国に失うに至るもの必然の理也。(「夷虜応接大意《いりょおうせつたいい》」)

小楠は、「有道の国」とは国交を開き、「無道の国」とは関係をもたないことを説いている。国際関係を単に力と力、あるいは先進と後進の関係として捉えるのではなく、国家間にも「天地公共の実理」が貫かれなければならないし、この「天地公共の実理」に反する行為は、結果として「信義を万国に失う」ことで国家に不利益を招き、時には国家を危機に陥れるというのである。こうして江戸の思想史において初めて、国家と国家の繋がりが何に拠るべきかが原理的に問い直された（対馬藩儒であった雨森芳洲が、朝鮮との外交において「誠信交隣」を説いていたことも忘れてはならない）。

小楠は、確かに国益を考えるのであるが、それが国家を超える価値としての「天地公共の実理」によって支えられていることが重要である。春台が扉を開いて、江戸時代後期、そこから多様に展開した経世論や国家論は、国益の追求が自己目的とされる傾向が強かったが、小楠の立論はそれらとは異なっている。スエズ運河の開鑿を称え、アメリカの共和政体に共鳴するまでの（朱子学の）「理」の大胆な読み替えがあって、その「理」の思想が、単純な国益の追求以上の、長く広い視野において発揮されるべき国益を捉えたのである。

吉田松陰が向き合った「国」

吉田松陰（一八三〇〔天保元〕年〜一八五九〔安政六〕年）は、長州藩の下級藩士の子に生まれ、五歳で山鹿流兵学師範であった叔父の養子となった。十一歳で、藩主の前で山鹿素行の『武教全書』を講義するほどの才能を発揮している。その松陰は旅に明け暮れる人となり、九州から江戸へ、さらに東北（水戸に逗留《とうりゅう》して水戸学者と交わり、東北を縦断して竜飛《たっぴ》岬から蝦夷地を遠望した）、四国、近畿と遊歴を重ね、その間、佐久間象山について西洋式の砲術を学

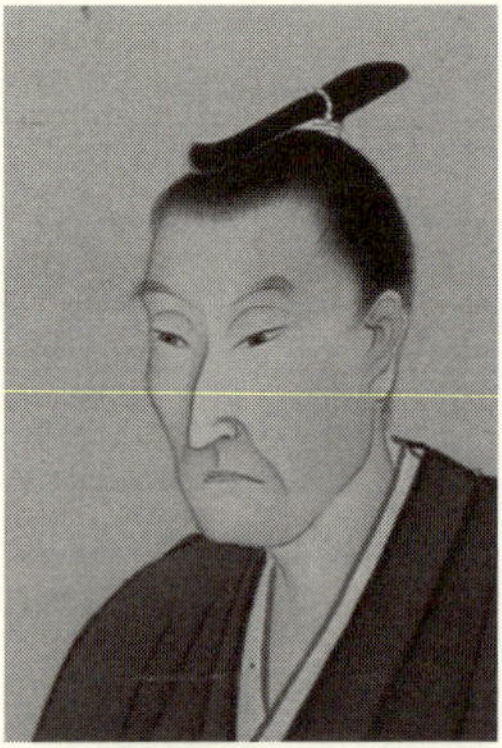

吉田松陰

んだ。松陰の旅は、最初は家学の兵学修行であったが、日本の現状のすべてを見てみようという旅となった。そして旅の途中、多くの書物をむさぼり読んでいる。

一八五四（嘉永七）年、下田の地で、再来航したペリーの軍艦に搭乗しての密航を企てて失敗、自首して獄に投じられた。その獄舎で、後には幽閉された故郷の一室で、松陰は『孟子』を講義した。「経書を読むの第一義は、聖賢に阿《おも》ねらぬこと要なり」と語り出されるその講義は、すぐ続いて「孔孟生国を離れて、他国へ事え給うこと済まぬことなり。〔中略〕生国を去て他に往き君を求るは、我父を頑愚として家を出て隣家の翁を父とするに斉《ひと》し。孔孟此義を失い給うこと、如何にも弁ずべき様なし」と激烈な言葉が連なる。松陰は、孔子・孟子を超えて、孔子・孟子の求めるべきであったものを求めようとする。

我邦は上天朝より下列藩に至る迄、千万世々襲して絶ざること中々漢土などの比すべきに非ず、故に漢土の臣は縦《たとえ》ば半季渡りの奴婢の如し。其主の善悪を択《えら》んで転移すること固《もとより》其所なり。我邦の臣は譜第の臣なれば、主人と死生休戚《きゅうせき》（喜びと憂い）を同うし、死に至ると雖ども主を棄て去るべきの道絶てなし。嗚呼《ああ》我父母は何国の人ぞ、我衣食は何国の物ぞ、書を読み道を知る、亦誰が恩ぞ。（『講孟余話』）

中国と違って日本は王朝断絶（革命）のない世襲の国振りで、儒教の君臣道徳も、臣下の側の絶対的忠誠に傾斜すると松蔭は主張するから、その点で水戸学と共通する捉え方である。しかし忠孝一致を調和的に描こうとする水戸学とは異なり、松陰は「死」を問題にする。

我国体の外国と異なる所以《ゆえん》の大義を明にし、闔国《こうこく》（国じゅう）の人は闔国の為めに死し、闔藩の人は闔藩の為めに死し、臣は君の為めに死し、子は父の為めに死するの志確《かっ》乎《こ》たらば、何ぞ諸蛮を畏れんや。

ここでの「国体」は、他国にない万世一系の日本の優れた国ぶりということで、『新論』から唱えられたものであった。『講孟余話』での松陰の関心は、武士の生き方（死に方）にある。士農工商の中で、農工商は「国の三宝」であるが「士」はどうかと自問して、「今日食う所の食、衣《き》る所の衣、用ゆる所の器、皆是国家の余沢に非ずや」とする松陰は、「忠孝」をもって「他日に報ずる」のが「三民の首」としての「士」だと論じている。そして松陰にあっては、武威を海外に振るうことも国の恩に報いることで、神功皇后や秀吉の朝鮮侵攻が好もしく回想され、「朝鮮支那は勿論、満洲蝦夷および豪斯多辣理《オーストラリア》を定め」ることまでを夢想する。ともあれ、武士は、農工商より以上に国家から特別の「恩」を受けているという意識は強固なもので、下田での密航の企ても、象山から「国の恩義を知る者」でなければできないと諭されてのことだったとも振り返っている。とすれば、実に蕃山や素行の時代からずっと、自分たち武士の存在意義は何かという問いが伏流していて、この外患の時、一気にまた顕在化したことになる。

藩主の恩が言われないではないが、松陰の主張の特色は「国の恩義」にある。そして水戸学と違い、国（日本）と一人ひとりの武士が直接に向き合っている。では、日本全体の秩序はどのように描かれるのだろうか。

天日の嗣（天皇の系譜、または系譜の担い手としての天皇）永く天壌と無窮なる者にて〔中略〕億兆の人宜《よろ》しく日嗣（天皇）と休戚を同して、復《ま》た他念あるべからず。若《も》し夫《それ》征夷大将軍の類は、天朝の命ずる所にして、其職に称《かな》う者のみ是に居ることを得。故に征夷（大将軍）をして足利氏の曠職《こうしょく》（職務怠慢）の如くならしめば、直に是を廃するも可なり。

松陰が説くのは、すべての人々が「天日の嗣」と心を一つにする国家である。征夷大将軍は職掌を全うする限りで権力を行使するが、そうでない場合は「廃」されてもやむをえない。「廃する」主語はあくまで「天朝」でしかないが、「億兆の人」の心がそれと一体であるなら、あるいは一体であろうとするなら、状況の中でこの議論はどう動くのだろうか。

日米修好通商条約の締結（一八五八〔安政五〕年。天皇の判断を仰ぎながらも勅許を待たずに調印したことが問題になった）をはじめとする政治状況の変化の中で、松陰は倒幕論の立場を明確にし、さらに大名や藩に倒幕を期待することもやめて、「草莽崛起《くっき》」（「草莽」は『孟子』に見え、在野・民間のこと）を唱えるようになる。「草莽崛起の豪傑ありて、神州（日本）の墨夷《ぼくい》（アメリカ）の支配を受ぬ様にありたし」「草莽崛起、豈《あ》に他人の力を仮らんや。恐れながら天朝も幕府、吾が藩も入らぬ、只だ六尺の微軀《びく》が入用」（一八五九年、野村和作宛書簡）などとされる通りである。この草莽崛起論は、あまりに過激だとする松下村塾の門人たちからも反対され、松陰は門人たちと絶交し、草莽崛起論がどのような体制構想に行き着くのかを語りえぬまま、安政の大獄で斬首されて三〇年の人生を終えた。

第13章　民衆宗教の世界

近世の仏教は、寺檀制に守られて、葬祭（葬儀と祖先祭祀の儀礼）を核とする「イエ」の宗教として社会的に定着した。それは暮らしの中に溶け込み、多くの篤信の信者がそれぞれの信心をもって毎日を生きた。人々はまたいろいろな講を作って、生活の中で神仏の宗教行事を楽しみ、都市においてはさまざまな流行神《はやりがみ》が人々の関心や話題をさらった。

四国八十八所・秩父《ちちぶ》三十三所をはじめ、伊勢神宮への「おかげまいり」のような集団参詣も盛んだった。一八三〇（文政十三）年の「おかげまいり」は、驚くべきことに四八〇万人余が参加したとされる。全人口の六人に一人となるから、狂熱ともいうべきエネルギーである。

そして内憂外患の時代、つましい日々の暮らしの中から、幾つもの新しい宗教が誕生した。

それらの多くは、貧困や病気、家族の不和、逃れようもない苦労の連続の中から、〈神の啓示〉を得た教祖の唱え出した教えとして成立する。同時にそれは、生真面目に苦難を背負って生きた多くの人々の、既存の宗教的枠組みが掬《すく》えなかった声にならない声の結晶でもあった。

如来教

一尊如来《いっそんにょらい》きの（一七五六〔宝暦六〕年～一八二六〔文政九〕年）は、尾張国熱田《あつた》の貧農の出である。十三歳で女中奉公、二十三歳で結婚したが離縁、四十歳で帰農するまで女中として奉公する暮らしだった。帰農して七年後、きのは、突然に自らの身体に金比羅大権現《こんぴらだいごんげん》が天降った〝神懸り〟状態になり霊感を得たという。その後は、如来の慈悲によって人々が救済されることを説き続ける。

此娑婆《しゃば》世界は、何の為にお立置《たておか》れた娑婆世界でやと思われる。此世界の無前《ないまえ》は、真玄《まっくろ》くろの爰《ここ》は泥の海で有たぞや。夫其《それその》泥の海をば、如来様のお慈悲故に、いろいろと御工《く》夫《ふう》御苦労を被為遊《あそばさせられ》て、此世界をお拵《こしらえ》遊ばせられたは、何故でやと思われる。（『お経様』）

世界は「泥の海」から始まった。それが、こうして世界としての姿を整えたのは「如来様のお慈悲」あってのことであるが、きのは、そこには意味が隠されていると言う。

此世界をお主達の修行場とお立被成《たてなされ》て〔中略〕此娑婆世界でお主達に仏道修行をさせて、今度後世は助《たすけ》とらしたいと思召せられてお立置れた、是此《これこの》世界で御座るぞや。（同）

きの自身も、一人の女性として、奉公・結婚・離縁・前夫の看病・貧窮と苦労続きの毎日であったが、それは「娑婆世界」が「修行場」だからであり、後世の救済に向けて如来様が与えてくださった試練だったというのである。次に紹介する一節からは、きのの声が聞こえてくるようである。

とかくお主達は、わけへだての心が止《やま》ぬが、人々を分へだてをせぬようにして呉《くれ》されや。人を隔る心が有ては、如来様のお心にはかなわぬ程に、どうぞわけへだてをせぬようにして呉つされや。此度の利益は、有徳《うとく》（裕福）なものよりは貧家の者の心を助けとらせんが為の利益でや程に、其所等《そこら》も能《よく》承知を召れ。是有徳成者は人も出入賑々敷《にぎにぎしく》暮すが、今日貧しきものには言《もの》のいいてもなく、如来の御慈悲なくては暮されぬゆえ、此度は其有徳なものよりは、貧家のものの心を助取せんが為の利益でや程に、此趣を能承知をして、人を痛《いたわ》る心に成、信心召れや。（同）

ここには、貧富の差に泣かされている人々の苦難を和らげたいという願いと、自分たち自身の「分へだて」の心によって人々が分断されている現実の直視、その現実を超えてこの世に和合をもたらしたいという祈りとが込められている。

天理教

中山みき（一七九八〈寛政十〉年〜一八八七〈明治二十〉年）は、大和《やまと》国山辺《やまべ》郡三昧田《さんまいでん》村の庄屋の家に長女として生まれ、十三歳で北隣りの庄屋敷《しょうやしき》村の庄屋の中山家に嫁いだ。十九歳で初めて妊娠したものの流産してしまうが、後に一男五女（うち二人は夭折）をもうけた。働き者として、また浄土信仰の篤信者として近隣にも知られたという。

頼りとする一人息子に激しい足痛が襲った。みきも、出産の後で体調が思わしくない。みきは、これをきっかけに突然〝神懸り〟状態となり、天理王命《てんりおうのみこと》が自らに宿ったと唱えて天理教を開いた。一八三八（天保九）年、みきの四十一歳の時である。天理教の教義は、「おふでさき」（教義歌）としてまとめられた。「おふでさき」を見てみよう。

天理教は、天地の始まりについて独自の世界観をもっている。まず一面の泥の海があって（如来教も同じ）、そこに「鰌《どじょう》」が生まれ、それを親神様が人間にしていったというのである。

このよふの　はぢまりだしハ　とろのうみ　そのなかよりも　どぢよばかりや
このどぢよ　なにの事やと　をもている　これにんけんの　たねであるそや

しかし人間社会には、身分や貧富の格差が生まれてしまった。天理教では、それを「高《たか》山《やま》」「谷底」という言葉で捉える。

高山に　そだつる木も　たにそこに　そたつる木も　みなをなじ事
にんけんハ　みな／＼神の　かしものや　神のぢうよふ　これをしらんか

「かしもの」は「貸し物」、「ぢうよふ」は「自由」で、親神様である天理王命がその心のままに人々を守ることを意味している。こうして人間の平等が、同じ神の「貸し物」だということで説かれている。

高山ハ　せかい一れつ　をもうよふ　まゝにすれとも　さきハみゑんで

富や権力を手にしている人（「高山」）は、これまでは世界を思うままにしてきたが、これからは分からないぞというのである。

天理教では「陽気」に暮らすことが説かれ（民衆宗教の一つである黒住教《くろずみきょう》でも同じである）、それは「こゝろ」の持ちようによるとされる。天理教の数え歌には、

八ツやまひはつらい　ものなれど　もとをしりたる　ものハない
九ツこのたびまでハ　いちれつに　やまひのもとハ　しれなんだ
十ドこのたび　あらはれた　やまひのもとハ　こゝろから（「みかぐらうた」）

とあり、病苦をはじめとするさまざまな辛苦を、「こゝろ」を立て直すことで晴らしていこうとする。

金光教

金光教《こんこうきょう》は、備中《びっちゅう》国の農民である赤沢文治《あかざわぶんじ》（一八一四〔文化十一〕年～一八八三〔明治十六〕年）によって開かれた。文治は、「天地金乃神《てんちかねのかみ》」（天地の親神）の言葉を伝える者、後には「天地金乃神」そのものと名乗って、病気直しを中心とした布教活動を展開した。文治は、

穢れ、不浄を云うなよう。一皮《ひとかわ》の内にゃ、皆包んで居るのじゃからのう。手、足、体を洗うより、はらの内を洗う事をせよ。（「金光大神《こんこうだいじん》理解」）

などと説いて、日柄や方位や年廻り、穢れ・不浄などに縛られることを否定した。「はらの内」（心）の清らかさが大事だというのである。また、

伊邪那伎《いざなぎ》、伊邪那美《いざなみ》の命《みこと》も人間、天照大神も人間なら、そのつづきの天子様も人間じゃろうがの。〔中略〕神とは云うけいども、皆、天地の神から人体を受けて居られるのじゃ。天地の調《ととの》えた五穀を頂かれねば、命がもつまいがな。して見れば、矢張り皆、天が父、地が母じゃろうが。そうして見れば、天地金乃神は一段上の神、神たる中の神じゃろうが。（同）

と述べて、記紀神話の神々も、それに根拠をもつ「天子様」も、天地の親神の前に相対化してしまう。

富士講

富士講《ふじこう》は、こうした民衆宗教とは、やや異なった由来をもっている。山岳信仰と弥勒下生《みろくげしょう》信仰が結びついて十八世紀半ばに江戸で生まれ、その後は、小谷三志《こたにさんし》（一七六五〔明和二〕年～一八四一〔天保十二〕年。武蔵国の鳩ケ谷の人。家業は麴《こうじ》屋。富士講第八世大行者）などの活

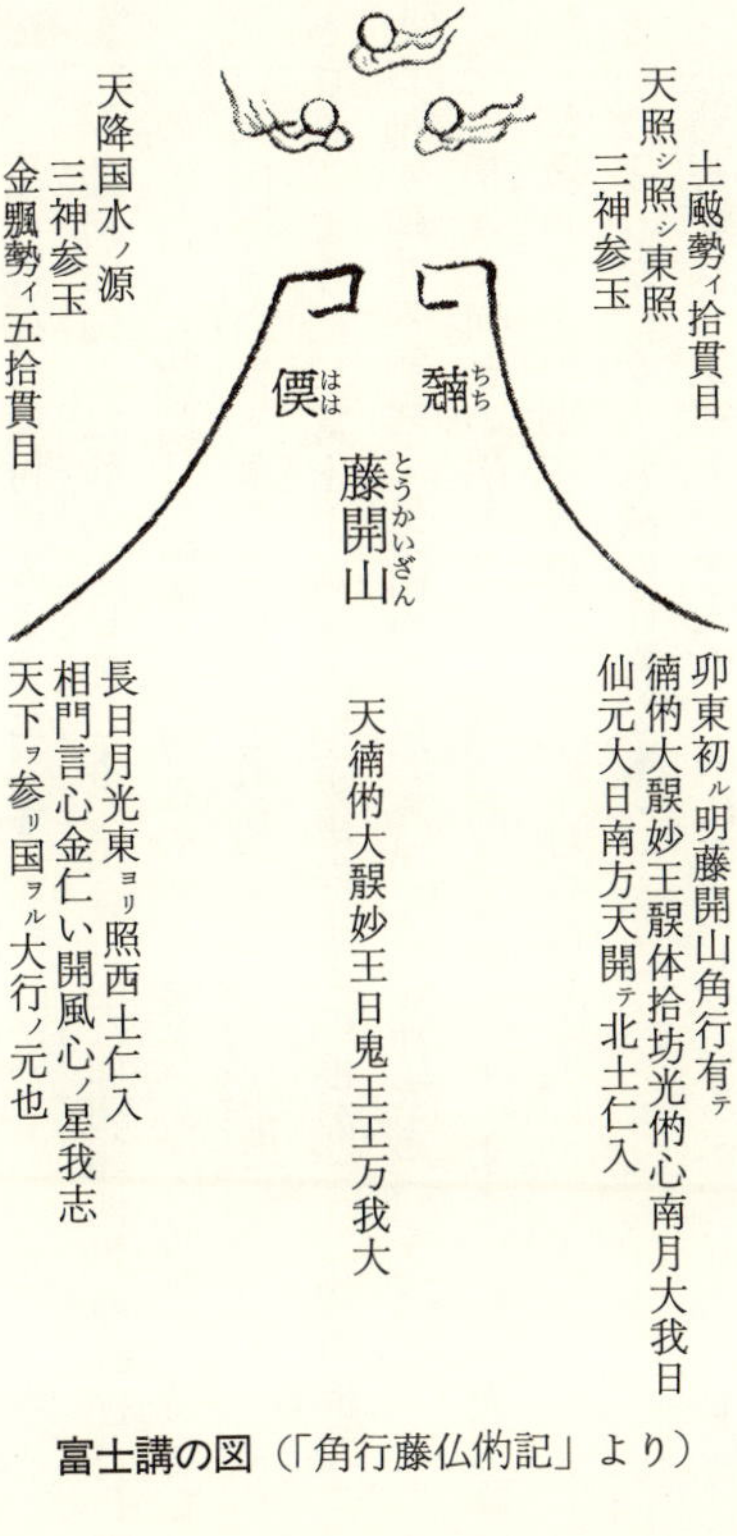

富士講の図（「角行藤仏俩記」より）

躍で、江戸近郊の農村に広まった。まず、

駿河《するが》の国不二《ふじ》仙元大日神《せんげんだいにちしん》と奉　申《もうしたてまつる》は、天地開闢世界の御柱として、月日《つきひ》・浄土・人体の始《はじまり》也。此御神の御体より初る木火土金水、心体五神生《うまれ》玉うて、始て天地にわかり、又山海・六合《りくごう》・草木の心神《しんしん》生給う。（「角行藤仏俲記《かくぎょうとうぶつくうき》」）

とされるように、富士山は、天地宇宙の生成の根源、「万物の根元」である。その不二仙元大日神（仙元大菩薩。富士山の神格的表現）は女神であって、

男女に何《いず》れの隔てあらん哉《や》、同じ人間なり、すでに仙元大菩薩は母体にて、猶更女人《にょにん》御救可有《あるべし》との御本願也。（「三十一日の御巻《おんまき》」）

というような、女人救済の性格をもっている。

弥勒菩薩は、兜《と》率天《そってん》で天人のために説法しているが、五六億七〇〇〇万年の後には、この世に下生して人々を救済すると信じられていた。富士講はこれを「ふり替り」として、それによって「みろくの世」が実現されると説く。それは例えば、支配する男性と服従する女性、上位の男性と下位の女性という関係が組みかえられる世界としてイメージされる。そして富士講では、宗教的な興奮の中、男性の女装、女性の男装がなされたりもする。そこに込められたのは「和合」への願いであって、他者を押しのけても自分の利得を神仏に祈ろうとする行為は「影願い」と呼ばれ、「猛火洪水の心」の所業とされる。

男女ともに是迄の影願いの心持を改め〔中略〕影願の猛火洪水の心の人間をつくり出さぬようにいたし、南無《なむ》もとのちちはは様への御恩送り、御奉公これにましたる事は無之《これなく》候。（「女男改教之伝」）

現実の生活の場にあって人々が、とくに男女が「和合」して、他者を損なうことなく生きることが何よりの救済、「みろくの世」の実現として願われている。

民衆宗教とナショナリズム

こうして幕末・維新期の民衆宗教は、自分たち自身の願いや祈りを自らの言葉で〔知識人の抽象的な概念を借りずに〕表明した。そこには共通して、来世に希望を託すというよりも、世俗生活をおおらかに肯定して、自分たちの「心」の持ち方を改めることで、世俗生活の場において貧富・貴賤・男女の差別のない人々の繋がりを実現させようとする志向が感じられる。

超越した神の栄光を地上に実現させるというよりも、世俗の生を充実させてくれる拠り所として、神々がある。そこには宇宙の根源をなす神についての独自のイメージがあって、それと一人ひとりの「心」が直接に結び合っているから、その結合を確かめることで「心」は純化され、それこそが、我儘《わがまま》や差別をなくす道だとされる。

そしてまた民衆宗教には、内憂外患という状況への民衆からの反応という一面があって、そこには底辺から沸き起こるナショナリズムの要素が孕まれている。黒住教（備前国の禰宜《ねぎ》であった黒住宗忠《くろずみむねただ》を開祖とする民衆宗教）でいえば、

有難や　我《われ》日の本に　生れ来て　その日の中に　住と思えば（『黒住教教書　歌集』）

というような、太陽神としてのアマテラスと日本の素朴な一体視が見られて、アマテラスの神徳に包まれた日本は、他の国々に抜きん出た国で、「日の神の御道」が世界に拡大して貫かれるべきだと主張される。

天理教では、これまでは「から」が「にほん」を圧迫してきたが、天地の絶対神（親神）の「はしら」が日本に立った以上、これからは、

いまゝでは　からがにほんを　まゝにした　神のざんねん　なんとしよやら
このさきハ　なんぼからやと　ゆうたとて　にほんがまける　ためしないぞや

などと「おふでさき」に言われるように、日本の隆盛が保証されるという。「から」は、実体としての中国というより、漠然と外国ということなのであろう。教義としては、「にほん」は親神の教えの行き渡ったところ、「から」は教えの広まっていないところであるが、それが「にほん」と「から」としてイメージされ、信者に共有される。

富士講もまた、例えば、

他の国には、此日の本程よき米様（ぼさつ）の出来る国はなきとしり給え、よき米を頂きよきさかなをいただいて、そだち給う子供衆は、髪の毛はいろつやよくて、毛にちからもあるべし。（「いき神様を信心する事」）

として、日本の子供の髪が黒く艶《つや》やかで美しいのに対して、外国人の髪がちぢれているというような素朴なイメージを動員して、それが世界の根源としての富士山を戴く「神国」日本の尊貴の物語となっていく。

貧富・貴賤・男女の差別のない世界を描くこれらの宗教が、ナショナリズムを下支えするような傾向をもつのはどうしてだろうか。その事情は個々の教団や宗派によって複雑で、簡単に論じられるものではないが、どこまでも世俗生活における精神的・身体的・社会的な和合を求めるというこれらの宗教の性格と関わっている。

現実のイエやムラの生活で味わう差別、強いられる理不尽な苦労、誰にも認められないことの孤立や不安などが厳しければそれだけ、それを超える世界は、イエやムラのもうひとつ外側の単位「クニ」として空想されるのだろう。そして、世の中の全体が何か計り知れないほどに大きく変わろうとしている、その漠然とした不安の皮膚感覚のようなものが、和合への願いを「クニ」に託させている。そうなればその「クニ」は、天地宇宙の生成の中心として、人々が和合した理想の世界であるから、何者にも侵されない、揺らぐことのない、強く輝かしいものでなければならない。

（天理教の「おふでさき」と金光教の「金光大神理解」は明治初年の史料であるが、教義としては開教から連続するものとして利用した。）

民衆宗教の特色

篤胤の神学、後期水戸学や幕末の思想家たち、民衆宗教、これらは互いに交わることのないバラバラのものに映るかもしれない。しかし振り返ってみれば、彼らはそれぞれの立場から、公共的な秩序とはどういうものであるべきかを問いかけているのではないだろうか。そしてその背景には、それまで教化の対象であった民衆が——まさに民衆宗教がそうであるように——自らの「心」の鍛錬を通じて自律性を強め、自己主張を始めたという戻ることのない動向がある。

篤胤の神学は、産霊《むすび》の神の大きな力に包まれながら、生者は死者の「心」とも交わることで人間らしい共同性をもつことができると説いた。つまり、公共的な秩序は、生者だけのものではない。松陰が「草莽」に最後の拠り所を求めたのも、民衆の間に公共的な何ものかが芽生えていることを直感的に認めたからではないだろうか。捉えどころなく動き出した人々の「心」に、上から公共的な枠組みを与えようとしたのが水戸学であった。幕末の思想家たちは、水戸学の議論を一方に見ながら、人々の内発性に支えられて、国家が公共的な秩序としての求心的な強いまとまりをもつためには何が必要なのかを模索していく。そしてこれは、近代日本に入っても引き継がれる課題となった。

そういう中で民衆宗教は、いずれの宗派であれ、あるべき公共的な秩序が人々の和合と平等の空間でなければならないことを訴えた。これは、篤胤の神学をはじめ、他の思想に見られない問題の捉え方である。そしてその実現は、一人ひとりの「心」が、それぞれの宗派の掲げる神の教えに忠実であることで果たされると説く。つまりそこでは、一人ひとりが超越者と向き合うことなしには公共的な秩序も真実のものではないと考えられているわけで、ここに民衆宗教の個性的な主張を聴くことができるだろう。

おわりに

江戸の思想史の活気と面白さの中に、「現代の私たちに響き合う問題の脈絡を描き出してみたい」と述べて本論に入ったわけであったが、どうだっただろうか。

それは無理な設定だ、それは近代日本の歴史を無視するもので、現にその後の日本は、欧米の先進国から圧倒的に多くのものを学びながら、混沌とした維新の日本から帝国の日本として急成長し、そして破局を迎え、戦後はその反省に立ちながら、まがりなりにも民主主義の日本、経済的に豊かな日本として再生してきたではないか。その一五〇年の思想史は、江戸の思想史の延長として理解できるようなものでは到底ありえない、とすれば江戸の思想史など、私たちと縁のない遠い話に過ぎない、こういう反論がすぐにも返されるだろう。

そして、その反論の言うところは間違ってはいない。にもかかわらず、江戸の思想史が格闘した問題群は、思考の枠組み、用語や文体・形式などのレベルで立ちはだかる距離を超えて、個々の主題や論点ではなく、その根底について見れば、やはり私たち自身の問題だ――

私は、そう思う。

それを縷々《るる》述べるのは、芸のない話かもしれない。本書を読み終えた読者が、江戸の思想史で問われた主題は、確かに自分たちの問題でもあると感じてくだされればそれで良いのであり、そうでないなら、それまでである。それ以上の説明はちょうど、幕が下りてから役者が観客の前に立って、「あの時の芝居は実はこういうことだったのです」と弁明するようなもので、滑稽《こっけい》なだけである。しかし、あえてその滑稽を演じてみよう。

内藤湖南や網野善彦を引くことから始めたように、巨視的に見れば、近世（江戸時代）から今日まで、日本社会は基盤において共通する性格をもっている。それがどういう性格かは、イエ、出版、商品・市場、「日本」意識、性・差別というキーワードで私なりの要約を試みておいた。あらためてこう並べてみれば、これらのキーワードのいずれもが、〈人と人との繋がり〉を問題にしていることに気付く。イエについては言うまでもない。出版は、情報を共有することでの繋がりである。商品と市場の力は、匿名化された都市的な新しい繋がりを作る。「日本」意識は、地域的な割拠を超えた繋がりの確認であることは当然として、また同時に、身分や門地、貧富や都鄙の間にある分断や対立、反目を乗り越えた繋がりを持ちたいとする人々の願望の反映でもある。性と差別についても、そこでもたらされたものは、排除と繋がりが表裏のものとしてある新しい世俗的な整序である。

こうして〈人と人との繫がり〉をどう考えるのか、どういう場面での繫がりに起点を置くのか、その中での個我や自己中心性の問題をどう考えたらよいのか、こういう問題群が論じられていったのである。その論じられ方は、私たちの想像を超えて、実に多様である。

江戸の思想史の骨格には、朱子学を中心にした儒教があるが、それは朱子学が幕府から官許の学として公認されたとか、正統イデオロギーとして社会秩序を支えたといった意味ではない。強いて言えば、朱子学が思想としての稀に見る体系性・包括性によって、知的な世界での用語系の主軸をなしていたということである。そして藤樹や闇斎は、徹底して内省的に朱子学を問い返し、「心」のありようを見つめることで自己中心性から解放された人倫としての繫がりを求めた。仁斎や徂徠は、朱子学から出発しながら、朱子学では捉えきれない〈人と人との繫がり〉の原理的な問題、あるいはその総体としての社会の問題を考え抜いた。宣長は、儒教に反発しながら、人間を超えた力（神々）に包まれた人々の生、神々を媒介とする人々の繫がりを考え、女々《めめ》しさや愚かさ、弱さにおいてこそ人は他者と共感できるとした。

蘭学の衝撃のもと、西洋世界の驚くべき実力を知った知識人は、惰性や安逸に耽《ふけ》る社会の大勢に苛立ち、既成の知的な枠組みを越境することで、新しい人間関係を自ら作ろうとする。またある人々は、富国・強国へ向けた国家の再編成がなされなければ日本の存立が危ういと主張し、小楠は、ペリー来航後の差し迫った国際情勢の中で、国と国との繋がりのあり方を考え、国家が真に公共的な国家であるための政治的・思想的な要件を探求した。

近世後期という時代は、仁斎や徂徠が論じたような仕方ではなく、昌益や篤胤、あるいは民衆宗教のように、〈人と人との繋がり〉の原理をまったく違った視点から論じることを可能にさせた。昌益は、農村の夫婦の労働と生活からそれを捉える。篤胤は、産霊《むすび》の神の宇宙的エネルギーに守られた地上世界が、「顕」「幽」二つの重なりからなるとして、生者と死霊の繋がりを論じる。そこでは〈人と人との繋がり〉は、死者の霊魂との繋がりを含んだものとしてある。民衆宗教はそれぞれの言葉で、一人ひとりの「心」に宇宙生成の根源の神のエネルギーが分与されていることに目覚めれば、この世に我儘《わがまま》や差別のない繋がりが実現されると説く。それらは皆、生活や労働の場に腰を据えて、それぞれに驚くほど根源的な論じ方ではないだろうか。後期水戸学とは、こういった声を聴きながら、それを上から権威的に回収しようという試みの始まりなのである。幕末・維新の政治情勢は、あるいは日本も植民地化されてしまうかもしれないという危機意識の中、こういう多様で根源的な〈人と人との繋がり〉への問いかけを、とりあえずは新しい国家体制（国民国家）の構築という形で取り込んでいく。繋がりを集約するものは、そこでは国家である。そしてその取り込みは、客観的（歴史的）に見て、かなりうまくいったのではないだろうか。

しかし、二七〇年の間に江戸の思想史が取り組んだ、〈人と人との繋がり〉がそもそも何であり、何がそれを歪め、何がそれを回復する力なのかという問題は、新しい国家体制の構築といった次元だけで収まるものではない。それは新しい状況の中で、かつて経験したことのない問題の形をもって、常に私たちに迫ってくるものであろう。

そして例えば「イエ」一つを見ても明らかなように、近世社会の開幕とともに登場した社会の性格が、劇的なまでに変わろうとしているのが今日であると私には思われる。これが親子、これが夫婦、これが何々という型が崩れ（と表現すべきか、型が融解しと評すべきか、はたまた型から解放されてと言うべきか）、名前の付けられないような関係性が積極的な意味をもつようになっている。いよいよこの傾向は強まるだろうし、私自身、それをマイナスとは考えない。国家や民族という堅い形と意志をもつとされたものについてさえ、必ずしもそうではないことが実感されつつあるようにも思われる。しかし、こういう時だからこそ、問題が立ち現れたその場に帰って、問題の本筋がどういうものであり、内包されていた可能性がどこにあり、そこで何が問われたのかを吟味することに意味があるのではないだろうか。その時、江戸の思想史は、私たちには関係のない別世界の話であることをやめるだろう。

＊

江戸の思想史の活気と面白さには、まだまだ尽きない側面が山のようにある。紹介したい思想家も多いし、引用したかった文章も数限りない。つまり私にとって、このような形の通史を執筆するとは、何を書くかではなく、何を棄てるか、それを決める作業でもあった。そして、無尽蔵の材料の中にあえて一本の太い糸を引くということは、良くも悪しくも筆者の丸ごとの人間が出るもので、格好をつけても取り繕っても、どうなるものでもないと痛感させられ、どれほど深い溜息《ためいき》をついたか分からないが、しかし本質的には楽しい仕事だった。強引な解釈や思い込み、巨細さまざまな誤読もあるだろうが、今は、静かに読者の皆さんの批判を待ちたい。

ひところ、「大きな物語」の終焉《しゅうえん》というようなことが言われた。人文系のどの分野についてもそうだろうが、思想史についても同じようなことがある。しかし今は、そこから新しい問題意識に立った開拓的な研究が少しずつ蓄積されてきて、それをどのように全体として構成させていくのか、その試行錯誤の段階に来ているように感じられる。

かつて江戸の思想史は、近代日本を――成功した近代日本であれ、特異な歪みをもった近代日本であれ――より深く捉えるために、近代に先立つ江戸時代から問題の流れを追ってみようという関心から語られた。しかしそれが、近代というフィルターを通した歴史像を作ることになるのではないかという反省から、江戸の中から江戸を考えるというべき方法が、最近では好まれるようである。思想史の方法について私にはこれといった定見もなく、恥じ入るしかないのであるが、その双方の立場に惹かれているといえば、ずるいだろうか。それはまた、歴史叙述にストーリー性を求めたい気持ちと、対象とする思想家とゆっくり、じっくり対話していきたいという志向と、欲張りにもどちらも手放したくないという今の私のありようにも通じている。

『江戸の思想史』、この私なりの通史は、二〇〇五〜〇七年の三年間（春学期）、非常勤講師として出講していた大学での講義ノートをもとにしている。拙《つたな》い講義を聴講し、質問・レポートなどを通じていろいろな刺激を与えてくれた学生の皆さんに感謝したい。学期末に感想を書いてもらったところ、「個々の思想家への先生の優しさが感じられて、毎回の聴講が楽しかった」というようなことを書いてくれた学生がいた。思想史をやっていて良かった――と思うくらい大変に嬉しかったが、しばらくして、これは反語、あるいは辛辣《しんらつ》な皮肉かなとも思った。私は、どうしても思想家に寄り添い過ぎて、客観化すべき対象に入り込んでしまい、批判的に読むことが苦手だからである。要するに、人間が甘いのだろう。何年も前の学生にもらった感想を、この通史を執筆しながらあらためて反芻《はんすう》している。

また、「この問題について、あの時、あの方がこんなコトを言っていたなあ」と、その研究者仲間の表情や口振り、口癖まで思い浮かべてニヤニヤしたり、ほろ苦かった出来事を振り返ったりしたことも一再ではなかった。著書や論文を通じて学恩を受けた多くの方々も含めて、あらためて皆さんに心からのお礼を申し上げたい。
最後に——卒寿を越えられてなお、最前線で意欲的なご研究を重ねておられる源了圓先生に本書を読んでいただき、ご感想・ご批判をいただけることの幸せを、著者として嚙みしめている。

二〇一〇年　晩秋

田尻　祐一郎

田尻祐一郎（たじり・ゆういちろう）

1954（昭和29）年水戸市生まれ．東北大学大学院文学研究科博士課程単位取得退学．東海大学文学部教授を経て，現在，東海大学名誉教授．専攻は日本思想史（近世儒学・国学・神道）

著書『山崎闇斎の世界』（成均館大學校出版部・ぺりかん社，2006年）
『荻生徂徠』（明徳出版社，2008年）
『こころはどう捉えられてきたか』（平凡社新書，2016年）
など

江戸《えど》の思想史《しそうし》
中公新書 *2097*

2011年2月25日初版
2024年2月25日4版

著　者　田尻祐一郎
発行者　安部順一

本文印刷　暁印刷
カバー印刷　大熊整美堂
製　本　小泉製本

発行所　中央公論新社
〒100-8152
東京都千代田区大手町1-7-1
電話　販売　03-5299-1730
　　　編集　03-5299-1830
URL https://www.chuko.co.jp/

Published by CHUOKORON-SHINSHA, INC.
Printed in Japan　ISBN978-4-12-102097-0 C1210

中公新書刊行のことば

いまからちょうど五世紀まえ、グーテンベルクが近代印刷術を発明したとき、書物の大量生産は潜在的可能性を獲得し、いまからちょうど一世紀まえ、世界のおもな文明国で義務教育制度が採用されたとき、書物の大量需要の潜在性が形成された。この二つの潜在性がはげしく現実化したのが現代である。

いまや、書物によって視野を拡大し、変りゆく世界に豊かに対応しようとする強い要求を私たちは抑えることができない。この要求にこたえる義務を、今日の書物は背負っている。だが、その義務は、たんに専門的知識の通俗化をはかることによって果たされるものでもなく、通俗的好奇心にうったえて、いたずらに発行部数の巨大さを誇ることによって果たされるものでもない。現代を真摯に生きようとする読者に、真に知るに価いする知識だけを選びだして提供すること、これが中公新書の最大の目標である。

私たちは、知識として錯覚しているものによってしばしば動かされ、裏切られる。私たちは、作為によってあたえられた知識のうえに生きることがあまりに多く、ゆるぎない事実を通して思索することがあまりにすくない。中公新書が、その一貫した特色として自らに課すものは、この事実のみの持つ無条件の説得力を発揮させることである。現代にあらたな意味を投げかけるべく待機している過去の歴史的事実もまた、中公新書によって数多く発掘されるであろう。

中公新書は、現代を自らの眼で見つめようとする、逞しい知的な読者の活力となることを欲している。

一九六二年一一月

中公新書

哲学・思想

1 日本の名著（改版） 桑原武夫編
2187 物語 哲学の歴史 伊藤邦武
2378 保守主義とは何か 宇野重規
2522 リバタリアニズム 渡辺 靖
2591 白人ナショナリズム 渡辺 靖
2288 フランクフルト学派 細見和之
2300 フランス現代思想史 岡本裕一朗
832 外国人による日本論の名著 佐伯彰一・芳賀 徹編
1696 日本文化論の系譜 大久保喬樹
2097 江戸の思想史 田尻祐一郎
2276 本居宣長 田中康二
2458 折口信夫 植村和秀
2686 中国哲学史 中島隆博
1989 諸子百家 湯浅邦弘
36 荘 子 福永光司
1695 韓 非 子 冨谷 至
1120 中国思想を考える 金谷 治
2042 菜 根 譚 湯浅邦弘
2220 言語学の教室 西村義樹・野矢茂樹
1862 入門！論理学 野矢茂樹
448 詭弁論理学（改版） 野崎昭弘
593 逆説論理学 野崎昭弘
2757 J・S・ミル 関口正司
1939 ニーチェ ツァラトゥストラの謎 村井則夫
2594 マックス・ウェーバー 野口雅弘
2597 カール・シュミット 蔭山 宏
2257 ハンナ・アーレント 矢野久美子
2339 ロラン・バルト 石川美子
2674 ジョン・ロールズ 齋藤純一・田中将人
674 時間と自己 木村 敏
1829 空間の謎・時間の謎 内井惣七
814 科学的方法とは何か 浅田彰・黒田末寿・佐和隆光・長野敬・山口昌哉
2495 幸福とは何か 長谷川宏
2505 正義とは何か 神島裕子
2203 集合知とは何か 西垣 通

中公新書

宗教・倫理

b1

中公新書

日本史

d3

2675 江戸―平安時代から家康の建設へ　齋藤慎一
476 江戸時代　大石慎三郎
2552 藩とは何か　藤田達生
2565 大御所 徳川家康　三鬼清一郎
2723 徳川家康の決断　本多隆成
1227 保科正之《ほしなまさゆき》　中村彰彦
740 元禄御畳奉行の日記　神坂次郎
853 遊女の文化史　佐伯順子
2376 江戸の災害史　倉地克直
2730 大塩平八郎の乱　藪田貫
2584 椿井文書―日本最大級の偽文書　馬部隆弘
2380 ペリー来航　西川武臣
2047 オランダ風説書　松方冬子
1958 幕末維新と佐賀藩　毛利敏彦
2497 公家たちの幕末維新　刑部芳則
1754 幕末歴史散歩 東京篇　一坂太郎
2617 暗殺の幕末維新史　一坂太郎
1773 新選組　大石学
2739 天誅組の変　舟久保藍
2750 幕府海軍　金澤裕之
2040 鳥羽伏見の戦い　野口武彦
455 戊辰戦争　佐々木克
1728 会津落城　星亮一
2498 斗南藩《となみ》―「朝敵」会津藩士たちの苦難と再起　星亮一
2792 三井《みつい》大坂両替店《おおさかりょうがえだな》　萬代悠